统计通俗读本

魅力统计

王静龙　梁小筠 / 编著

中国统计出版社
China Statistics Press

图书在版编目(CIP)数据

魅力统计/王静龙,梁小筠编著. 一北京:中国统计出版社,2012.10

ISBN 978-7-5037-6723-4

Ⅰ.①魅…　Ⅱ.①王…②梁…　Ⅲ.①统计学　Ⅳ.①C8

中国版本图书馆CIP数据核字(2012)第237048号

魅力统计

作　　者/王静龙　梁小筠
责任编辑/徐　颖
封面设计/李雪燕
出版发行/中国统计出版社
通信地址/北京市丰台区西三环南路甲6号　邮政编号/100073
电　　话/邮购(010)63376909　书店(010)68783171
网　　址/http://csp.stats.gov.cn
印　　刷/河北天普润印刷厂
经　　销/新华书店
开　　本/710×1000mm　1/16
字　　数/170千字
印　　张/14.75
版　　别/2012年11月第1版
版　　次/2012年11月第1次印刷
定　　价/32.00元

前　言

我有幸在1978年10月就读华东师范大学数学系数理统计方向的硕士研究生。导师魏宗舒教授看到我们这几个研究生当时对统计的理解是那么的肤浅，就当机立断给我们上小课。他和我们围着一个办公桌而坐，带领我们漫游统计。这30多年前的事至今仍历历在目。恩师魏宗舒教授生前一再告诫我们，要做好普及统计和推动统计方法在各行各业应用的工作，要写统计普及读物。他的教导一直激励着我。谨以本书《魅力统计》告慰他老人家。

我曾为工厂、公司、企事业和行政机关的人员做过培训，并为各类工商管理(MBA)和公共管理(MPA)的人员讲授过统计。他们来自各行各业，专业不同，文化程度不同，尤其是数学基础参差不齐。对这些有着不同知识背景的人员讲授统计，难度不小。但我发现给他们讲统计有两个很好的条件，一是他们都不同程度地感受到，统计很有用；二是他们的工作实践和阅历丰富，会在你讲课时产生共鸣。我参考阅读了不少的相关书籍，不断地总结讲课体会和经验，反复修改、充实和完善讲稿。本书就是将讲稿的部分内容整理加工而成的。本书的另一位作者，梁小筠教授长期从事抽样调查的研究、应用与教学工作。她的教学工作的一大特色就是带领学生走出课堂，在实践中领会和理解统计是如何收集和分析数据的。本书是我的讲稿和她多年实践经验的总结。本书是我们为普及统计和应用统计所做的尝试。

梁小筠和我的中学母校都是上海市虹口中学。刚进虹中，我们这些初中一年级的学生就被给我们上课的老师深深吸引。印象最深的是教生物的于运联老师。他知识渊博、讲课生动，启发我们到知识的海洋里去遨游，同学们都说听他的课是一种享受。我们学生喜欢光顾虹中的图书阅览室，在那里阅读杂志和课外书籍，最感兴趣的是趣味数学、趣味物理、趣味生物等这一类书。我后来又在虹口、武进中学任教20年，知道除了在课堂，中学生还渴望能到教科书的外面去寻找、挖掘知识。本书也是我们为丰富中学生课余生活所做的初步尝试。

本书在第1章列举统计方法在某些行业的应用实例之后，第2章、第3章和第4章分别重点介绍统计数据收集的三个主要的方法：观察、调查和试验。第5章介绍统计推断的基本内容，第6章介绍相关和回归分析。我们力求做到具有中学文化程度的各行各业的人员，以及中学生都能阅读，都能对本书产生兴趣，领略到统计的魅力。

感谢茆诗松和朱仲义两位教授审阅书稿，并推荐早日出版。感谢中国统计出版社，感谢陈悟朝主任与徐颖女士，没有他们的关心与精心指导，本书不可能很快出版。

本书内容、讲授方法的不当之处恳望大家批评指正。

王静龙

2012年5月

目录

第1章　应用统计

人们很早就认识到，统计是治理国家的一个重要手段。例如我国战国时期，秦国著名的政治家商鞅明确提出“强国知十三数”的主张。十三数即仓储（仓库）、人口、壮男、壮女（壮年男子和女子）、老、弱（老人和病弱人）、官（官吏）、士（士兵）、以言说取食者（游士）、利民（商贩）、马、牛、刍藁（饲料和禾秆）。按现在通常的讲法，这十三个数就是统计指标（或称为变量）。又如公元前27世纪的埃及，为建造金字塔和农业灌溉系统，进行了全国人口和财产的调查。公元前6世纪的罗马帝国，规定每五年都要进行一次人口、土地、牲畜、家奴的国势调查。由此可见，有了国家就有了统计。在奴隶社会和封建社会，统计主要是为统治国家服务的。英文Statistics（统计）是由拉丁文status（状态、国家）和statista（政治家）演化而来。

在资本主义社会，随着现代化大生产的发展，统计应用的范围越来越广，扩展到各行各业。在我国，尤其是改革开放以来，统计活动空前活跃，统计的重要性越来越被大家重视。这正如我国著名学者马寅初先生所说的：

学者不能离开统计而研究，
政治家不能离开统计而施政，
企业家不能离开统计而执业。

马寅初(1882～1982)

下面的一些例子可以说明统计应用的广泛性。

克莉丝汀食品店选址

上海克莉丝汀食品店选址，与地图方位相比，他们更看中新店铺实际可吸纳的客流量，有专人用计表器测算可能的客源，达到一定的数量后公司网点开发部才会提交报告。这是他们网点选址前要做的必要的定量分析。除计表器测客流量外，克莉丝汀有一整套的扩张全攻略。他们做网点规划，首先根据该城市居民人均可支配收入考虑网点数；根据公司的定位，网点在客流量最集聚的例如南京路、淮海路和豫园商场上并不多见，网点主要是跟着社区走，沿着地铁走，而且很多店铺都选在十字路口拐角处，四面都可以看到克莉丝汀的招牌。

肯德基开新店

肯德基在开一家新店前会进行如下的商圈研究：

- 周边情况：周边商厦、饮食店、学校、娱乐场所、公交站点的数量和分布等；

- 半径范围:从拟建的餐厅出发,朝不同方向步行半分钟、1 分钟、1 分半钟乃至 5 分钟路程内上述这些设施的准确位置;
- 人流量测试:在拟建的餐厅处,周一至周日,每天按不同时段严格统计人流量。

质量控制与管理

早期人们将质量定义为符合工艺规格。一旦产品经检验合格出厂,则质量控制过程结束。现在人们将质量定义为符合顾客要求。所以产品出厂并不意味着质量控制过程结束。除了厂内生产受控之外,还要进行市场调查。深入了解顾客购买与使用的反馈意见,也是质量控制的一个重要内容。随着社会进步经济发展,人们对质量控制与管理的认识就更加深刻,质量控制与管理的内涵更加丰富。下面是人们对质量控制与管理内涵的变化情况的生动描述。原先提出的是全面质量控制(TQC:Total Quality Control);后来是全面质量管理(TQM:Total Quality Management);现在是全面质量的 4 个方面,即 TQ 4 个 M(TQM^4)。这“4 个 M”就是 Management(管理),Measure(测量),Marketing(市场),Money(成本)。无论哪一个 M 都需要用到统计的理论与方法。

六西格玛理论:杜绝误差

1998 年 3 月 10 日《解放日报》的“管理新知”栏目中有一篇文章,其标题为:“六西格玛理论:杜绝误差”。在此标题之前该文有一段话:“全球著名的美国通用电气公司(General Electric Company,简称 GE)上上下下掀起了一股学习管理理论的热潮,这一切皆因董事长杰克·韦尔奇而起。”1995 年 60 岁的老人韦尔奇把实施六

杰克·韦尔奇

(Jack Welch,1935～)

西格玛理论作为其GE生涯中辉煌的结局。GE把"六西格玛"应用于公司所经营的一切活动,藉此活动,公司基本上消灭了每天在全球生产的每一件产品、每一道工序和每一笔交易的缺陷和不足。GE的每一种新产品和新服务项目都是按六西格玛标准设计的。所谓西格玛(sigma)就是希腊文σ的读音。而杜绝误差,实际上就是使得每百万次操作中至多只有3.4次失误。六西格玛在减少操作失误上狠下功夫。在这众多的功夫中用了很多的分析工具。在《解放日报》那篇文章提到的众多分析工具中有Pareto(帕累托)图,又称排列图。

排列图

排列图,又称帕累托(Pareto)图。它的全称是"主次因素排列图",在质量管理中很有用。人们通过生产实践发现,大部分的质量问题往往只由少数几个原因引起,找出这几个原因,是解决质量问题的关键。排列图可以在影响产品质量的众多因素中寻找主要因素,以明确改进质量的方向。

一批产品中有976个不合格品,经观察分析不合格品产生的原因不外乎下面五个:操作、设备、工具、工艺和材料。检验结果见表1.1。

表1.1 不合格品产生的原因

操作	设备	设备	工具	操作	材料	材料	工具	设备	设备
设备	工艺	工具	设备	操作	工艺	设备	操作	工具	工艺
设备	材料	工具	工具	设备	操作	工艺	设备	工具	材料
工艺	操作	设备	材料	工艺	材料	设备	工具	设备	工艺
设备	设备	材料	操作	工具	材料	设备	材料	设备	设备
…	…	…	…	…	…	…	…	…	…

表 1.1 中的数据使人看了眼花缭乱，不得要领。人们通常使用统计软件例如 Excel 的数据分析功能列表和画图，整理杂乱无章的一批数据，将数据中有用的信息提炼出来。Excel 中文版“工具”菜单上有“数据分析”命令。倘若没有“数据分析”，那就需要启动“工具”菜单上的“加载宏”命令。安装“数据分析”的具体操作过程可咨询你单位的电脑信息系统管理员，本书从略。为分析不合格品产生的原因，可使用 Excel 的数据分析功能制作表 1.1 数据的频数分布表和排列图，其步骤如下：

1)建立数据文件。用 1、2、3、4 和 5 分别作为操作、设备、工具、工艺和材料的代码，然后将原始数据放在例如 A 列的第 1 至第 976 个单元格。

2)Excel 要求输入数据分组的情况。因而在例如 B 列的第 1 至第 5 个单元格上依次输入代码：1、2、3、4 和 5。

3)按下面的顺序制作频数分布表：

①选择工具下拉菜单；

②选择数据分析选项；

③在分析工具框中选择直方图；

④在直方图对话框中：

(1)在输入区域栏中键入 A1 ：A976；

(2)在接收区域栏中键入 B1 ：B5；

(3)选择图表输出；

(4)选择柏拉图(即排列图，又称帕累托(Pareto)图)；

(5)选择累积百分率；

(6)选择输出区域，并在输出区域栏中键入 C1(让输出的频数分布表的左上角在 C1 单元格)；

⑤单击确定。

将 Excel 输出的表进行整理，得到频数频率分布表和从大到小重新排列的频数频率分布表，分别见表 1.2 的左和右三列。

表 1.2 左　频数频率分布表　　**表 1.2 右：从大到小排列的频数频率分布表**

原因	频数	频率/%	累积/%	原因	频数	频率/%	累积/%
1(操作)	22	2.25	2.25	2(设备)	526	53.89	53.89
2(设备)	526	53.89	56.15	3(工具)	292	29.92	83.81
3(工具)	292	29.92	86.07	4(工艺)	89	9.12	92.93
4(工艺)	89	9.12	95.18	5(材料)	47	4.82	97.75
5(材料)	47	4.82	100.00	1(操作)	22	2.25	100.00
合计	976	100.00	100.00	合计	976	100.00	100.00

Excel 输出的从大到小排列的直方图与排列图见图 1.1。图下方数字是频数从大到小排列的，不合格品产生的主次原因，它们依次为 2(设备)、3(工具)、4(工艺)、5(材料)和 1(操作)。左边的纵坐标表示频数，右边的纵坐标表示累积频率。

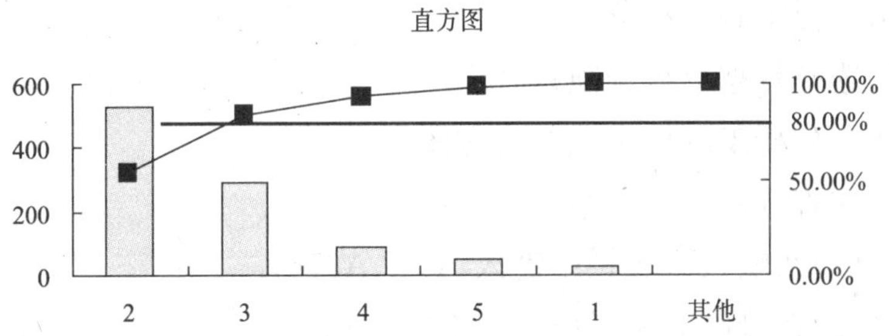

图 1.1　直方图与排列图

图 1.1 有五个宽度相同的长方形。每一个长方形都对应着一个原因，长方形的高度表示这一个原因所产生的不合格品的频数(见左边的纵坐标)。这一个个长方形组成的图形称为是直方图，又称条形图，或柱形图。在各个长方形或其上方又画了以小方块表示的累积频率。这些小方块连成一条折线，这条折线称为累积频率折线，也称为帕累托折线。

根据累积频率在 0～80%之间的因素为主要因素的原则,可以在累积频率为 80%处画一条水平线,在该水平线以下的折线部分对应的原因项便是主要因素。从图 1.1 可知,80%的水平线与折线的第 1 条线段相交,由此知造成不合格品的主要原因依次是 2(设备)与 3(工具),要减少不合格品首先应该从以上两方面着手。在这两个问题解决之后,再次对不合格品产生的原因画排列图进行分析,这时工艺很可能成了造成不合格品的主要原因,成了我们为减少不合格品的首要抓手。工艺问题解决之后,再画排列图,依此类推。这样我们就有可能达到质量管理工程六西格玛(sigma)的要求,使得不合格品率不超过一百万分之 3.4。排列图是著名的六西格玛管理的一个重要分析工具,它是意大利经济学家帕累托发现的帕累托原则在质量管理工程方面的应用。

帕累托(80—20)原则与长尾理论

帕累托(Vilfredo Pareto,1848～1923),意大利经济学家。他发现意大利的社会财富的分配很不平均,于是在 1906 年提出了一个非常著名的规律:社会 80%的财富掌握在 20%的人手里(twenty percent of the population owned eighty percent of the property)。

帕累托(1848～1923)

帕累托的发现被朱兰(Joseph M. Juran)和其他人所推广,其中以朱兰的推广最为重要。1941 年朱兰将帕累托在经济学领域的的发现推广到质量问题,80%的问题由 20%的原因引起(80% of a problem is caused by 20% of the causes)。朱兰把它叫做"vital few and trivial many(少数几个主要的和多个微不足道的)"。经过众人的推广,最后由帕累托在经济领域的发现得到了一条各个领域通用的原则。这条原则指出20%的事情常常对80%的结果负责(20 percent of something always are responsible for 80 percent of the results)。这条原则就是所谓的帕累托原则或80—20原则。尽管朱兰对把这个原则称为帕累托原则表示难以接受,写过一篇题为"Juran's Non—Pareto Principle"的文章,但帕累托原则的名称一直沿用至今。

帕累托原则认为"20%的事情常常对80%的结果负责"。以下是帕累托(80—20)原则的示例:

- 一个图书馆有20%的书本的借出次数,是占整个图书馆借出馆藏次数的80%。
- 一个部门有几个雇员经常缺席,他们负缺席问题的大部分责任。
- 10%的客户的订货占我们营业额的75%。
- 保险公司有40件赔款损失,其中6件的损失占总损失的80%。
- 车间里有15部机器,65%的停机事故由其中的3部引起。
- 大部分的质量问题往往只由少数几个原因引起。

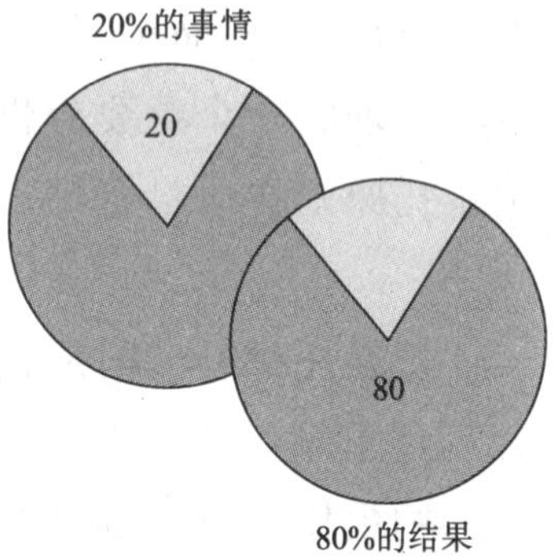

帕累托(80—20)原则

商界把帕累托的80—20原则简说为"八二法则",即80%的销售额是由20%的所谓"VIP"客户贡献的。商界往往对其余的,居于大多数的80%的普通客户不大关心。有时这80%的客户甚至成了无人问津的"沉默的长尾"。商界之所以这样,是出于成本和效率的原因。他们只能集中精力关注重要的人或重要的事,也就是"头部",而不得不将处于"尾部"、需要更多的精力和成本才能关注到的大多数人或事忽略。但是在网络时代,人们有可能以很低的成本且很高的效率去关注“尾部”。事实上,“尾部”产生的总体效益甚至会超过“头部”,沉默的长尾隐藏着巨大的商机。近来有一本书“长尾理论(The long tail)”很是畅销。该书引用不少的案例,说明了长尾的威力:亚马逊书店有超过一半的销售量来自于在它排行榜上位于13万名之外的图书;美国最大的在线DVD影碟租赁商Netflix公司有1/5的出租量来自于其排行榜3000名以外的影碟题材;而在线音乐零售商Rhapsody排行榜1万名以外的曲目下载数量甚至超过了在排行榜前1万名的曲目。最为典型的案例是Google。占据了Google半壁江山的AdSense,它面向的客户是数以百万计的中小型网站和个人。Google将这些数量众多的群体汇集在一起,形成了非常可观的经济利润。

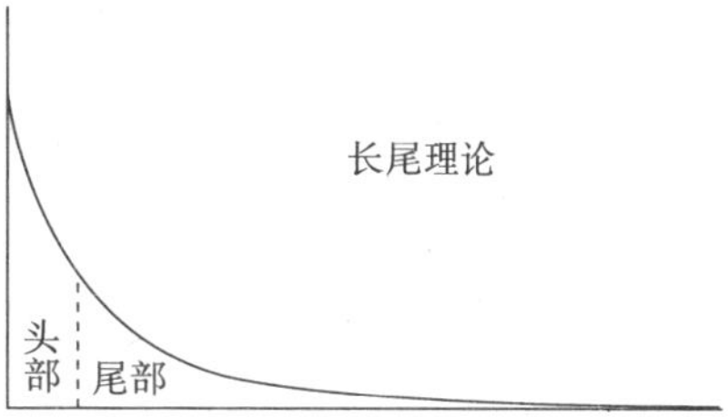

要真正获得沉默的长尾隐藏着的巨大的商机并非易事,关键是需要对长尾重新组合,将分散的、弱小的、独立的和细微的个体组成的这样一条长长的尾巴聚集在一起是需要技术和手段的。显然,八二法则和长尾理论相随相伴,并不冲突。他们很可能适用于不同的领域。

康泰克的认知度与购买意愿

康泰克“早一粒,晚一粒”的广告用语曾经家喻户晓。但自2000年11月15日起,由于含有PPA(苯丙醇胺),占国内感冒市场六成的康泰克突然退出。这给天津中美史克制药有限公司带来了巨大的损失。但仅事隔9个月,2001年8月,不含PPA,代之以PSE(盐酸伪麻黄钙),同时保留扑尔敏成分的新康泰克上市。为什么中美史克敢于耗资1.45亿元上马新康泰克欲重登国内感冒药市场冠军宝座，这和它们前期所做的市场调查有关。北京美兰德信息公司对北京、上海等20座城市的感冒药市场调查表明，康泰克在全国享有89.6%的认知度，90%的被调查者表示“会接受”或“可以接受”康泰克重回市场。正因为确信90%的人知道康泰克，确信90%的人愿意在不含PPA之后继续使用康泰克，所以中美史克确信康泰克可以复活。

企业在开发新产品前都要进行市场调查，了解顾客对品牌的认知度与购买意愿等问题。所谓品牌的认知度就是对品牌内涵及价值的认识与理解程度。市场调查与研究的内容非常丰富，例如调查什么问题，向谁调查，调查多少人，如何保证调查质量，以及调查数据的处理分析等，这些都要用到统计的理论和方法。

开发新产品需要市场调查

乔·萨特(Joe Sutter)是全球首款生产的350座级宽体民航客机波音747的总设计师，被称为“波音747之父”。他说，当你计划设计一架飞机时，最重要的是在早期就了解市场。你需要花大量的时间调研市场，与客户交流，并着眼未来，然后决定设计什么样的飞机。在该项目启动前，乔·萨特咨询了环球航空、英国航空、日本航空等多家国际性航空公司，几乎每家公司都表现出对350座级大型飞机的兴趣，这让他和波音公司增加了信心。1966年3月，乔·萨特被任命为747项目的总设计师。1968年9月，在正式立项30个月后，被称为“空中皇后”的第一架波音747飞机下线。从此民航业进入“宽体喷气”时代。高速度、大容量、更舒适和安全的波音747实现了技术和商业的双重成功。自1970年1月投入运营以来，到空客A380投入服务之前，波音747保持全世界载客量最高飞机的纪录长达37年。波音公司累计向客户交付了约1400架波音747

飞机。波音747飞机也因此成为全球最畅销的民用飞机之一。这也将波音公司拖出崩溃的边缘，为自己赢得了广阔的市场，最终成为飞机制造业的领军者。开发新产品波音747飞机的市场调查是成功的。

该不该投资开发超音速飞机2707项目

在酝酿波音747时，波音公司还有超音速飞机2707项目，尽管已投入了大量资金，最终还是决定下马，其重要原因就是市场调查后发现，运营该型飞机成本高昂，各家航空公司都因无法盈利没有兴趣。这并不意味着开发新产品波音2707飞机的市场是失败的。事实上，这项市场调查是成功的，因为它告诉波音公司为了不使前期的投入打水漂，执意继续研制波音2707飞机，将会有更大的亏损。这个例子告诉我们经济学中的一个原则：评估投资只能依据将来的收益和损失。

这项原则好比说，你花了1000元钱买了股票。尽管这个股票现在只值500元钱了，我一定继续持有它。这样的思想方法是理财的误区。我们应该根据这个股票未来的走势，决定是继续持有它还是不持有它。由此可见，超音速飞机2707项目下马，正说明了市场调查的作用，它避免了难以挽回的巨大损失。

市场调查是开发新产品前期工作的一个重要组成部分。此外在新产品研制阶段，试验设计对于生产出最佳产品起着关键作用。即使在产品成型之后试验设计对于产品的不断改进也起着关键作用。有关试验设计的简要介绍请见本书第4章§4.5节。

抽样方法在会计和审计工作中的应用

在会计和审计工作中，为做到精确无误倘若对每一个帐目都逐一进行检查，可想而知其工作量是很大的。为节约成本可使用统计抽样方法，仅对部分帐目进行检查。下面的例子（摘自参考文献[1]的第三部分的“在工作的人们”这一节的第1篇文章：《会计师如何通过抽样法节省资金?》）将告诉我们，对部分帐目进行抽样检查，不仅大大降低了成本，而且检查结果几乎与对所有帐目进行的100％的全面检查所得的结果同样有效。在会计和审计工作中抽样检查确实大有裨益。如果货运要经过几家铁路公司的铁路，则运费就应在这几家公司中分摊。美国切萨皮克—俄亥俄铁路公司(Chesapeake and Ohio Railway Company)进行了这样的研究，用以验证运用抽样查帐方法不仅可大幅削减开支，而且能精确地在几个铁路公司之间分摊运费。

如何分摊运费

这项研究是对六个月内经过切萨皮克—俄亥俄铁路公司的22984份货运的运货单进行的验证。运货单上详细记录了货物的名称、经过哪几家铁路公司和收费情况。现在的问题是这22984份运货单的总的运费应如何分摊，也就是说有多少是属于例如切萨皮克—俄亥俄铁路公司的。全面查帐和9％的抽样查帐的结果见表1.3。

表 1.3 运费分摊的第 1 项验证

根据全面检查，22984 份运货单中应支付给切萨皮克—俄亥俄铁路公司的运费总额的精确值	＄64651
抽样检查 2072 份(约占 9 %)运货单，22984 份运货单中应支付给切萨皮克—俄亥俄铁路公司的运费总额的估计值	＄64568
差额	＄83
相对百分比	0.128%

约 2.3 万份运货单的全面查帐的成本为＄5000，约 9%的 2072 份运货单的抽样查帐的成本至多为＄1000，少了＄4000。抽样查帐在降低成本方面的优越性不言而喻。9%的抽样查帐估计出的，在 22984 份运货单中应支付给切萨皮克—俄亥俄铁路公司的运费总额，仅比全面查帐的精确值少了＄83，其相对百分比只有 0.128%。显然，花＄4000 去弥补＄83 的差额是不值得的。事实上，这一次的抽样查帐对切萨皮克—俄亥俄铁路公司不利，少了＄83。但下一次可能对它有利。长期来看，也就是平均来看，只要抽样的方法是科学的，其积累的误差就会等于零。这好比我们到超市买大米。标重 10 公斤的一袋大米，其真正重量可能超过标重有正误差，也有可能低于标重有负误差。误差总等于 0 固然最好，但不太现实。假如正负误差能相互抵消从而使得误差的平均值等于 0，这对于我们买方和生产销售大米的卖方来说都是可以接受的。本书第 3 章将简要介绍从总的 22984 份运货单中是如何科学地抽取 9%的 2072 份运货单的。

交通事故的驾驶员肇事的内在因素

对 2000 例交通事故的驾驶员肇事的内在因素进行分析。分析结果如表 1.4 所示。

表 1.4　交通事故驾驶员的内在因素

内在因素	事故数	频率/%
察觉得晚	1191	59.6
判断失误	697	34.8
驾驶错误	96	4.8
其他	19	0.8
合计	2000	100

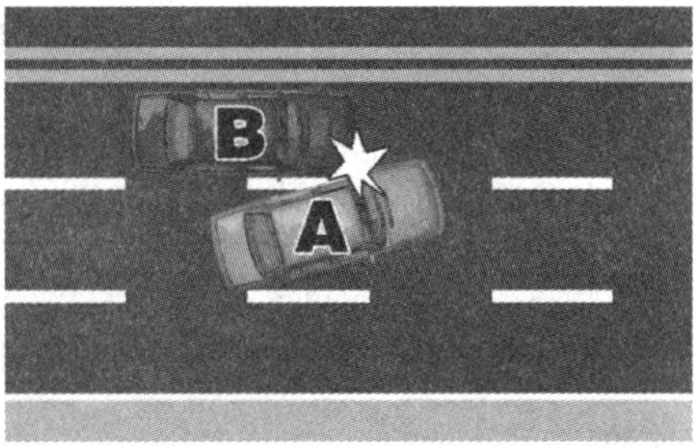

根据排列图，或帕累托原则(80—20 原则)，交通事故驾驶员肇事的主要内在因素是“察觉得晚”和“判断失误”，其中尤以“察觉得晚”最为重要。至于“察觉得晚”为什么最重要，以及驾驶员为什么会察觉得晚，这些问题的原因分析就不属于统计分析的范畴。统计分析揭示的是统计规律。至于统计规律的解释需要用到其他领域的知识。学科结合交叉就能产生巨大的力量。

根据人体生理学，人眼看到的信息传递给大脑，大脑再向肢体传递命令需 1.5 秒。时速 100 公里的汽车从看到险情到用脚踩刹车时，车已经开出 40m。况且刹车后车子停下来还需滑行更长的距离。这就是高速公路上汽车一撞就是好多辆的原因。由此不难理解“察觉得晚”为什么最重要。为避免察觉得晚肇事，交通管理部门在交通事故容易发生的地段设置醒目标志，要求驾驶员保持足够的车距，不要疲劳驾车，严禁酒后驾车等。

发生交通事故之后除了对驾驶员肇事的内在因素进行分析，界定事故责任方之外，还应该对汽车质量事故成因进行分析，观察车辆有没有事故隐患。

小转弯与大转弯，谁更危险

在各类交通事故中，车辆正面冲撞最易导致人员伤亡。据日本警察厅 2000 年对近三年来由正面冲撞引起的 3696 起死亡事故的

分析，50.7%发生于拐弯时，其中左拐弯占了69.6%。此项交通事故数据分析显示，正面冲撞事故多半发生在车辆拐弯时，其中左拐弯时事故发生率占了同类事故的七成，大大超出了右拐弯时的事故发生率。日本的车辆是靠左行驶。因而其左拐弯相当于我们的右拐弯，也就是所谓的小转弯。请谨慎小(右)转弯，就是这批数据的统计分析对驾驶员的提醒。仔细观察发现，车辆小(右)转弯时，往往偏离正常的行驶路线，成为事故的诱发苗子。交通管理部门作为预防措施，可以在路口设置能引起驾驶员注意的减速标志，或在路面标出小(右)转弯时的行驶路线。

安全带

1959年尼尔斯—博林发明的安全带，挽救了数不清的生命。从1974年起，瑞典就规定驾车者必须系安全带。1986年后更进一步规定，乘客也要系安全带。在瑞典，安全带的使用率高达93%，死亡率减少68%。统计分析表明这个国家的百万居民年车祸死亡人数仅为9人。瑞典是世界上道路交通最安全的国家之一。为什么安全带有这么大的作用，这就牵涉到对车祸发生时的碰撞分析。车祸发生时先后有三次碰撞。首先发生的是汽车和障碍物的碰撞，然后是人体和汽车内部相撞，最后是人体内脏和突然停下来的人体外部构架的相撞。在第三次碰撞中大脑向前冲，撞到颅骨内壁，而心脏撞击到胸部内侧。致命伤一般发生在第三次撞击中。由此碰撞分析可以看到，安全带能大大地降低碰撞的强度，因而系好安全带非常重要。

什么时候直行车道变为拐弯车道

道路交通安全用到很多的统计理论与方法，有的还需用比较深的统计理论与方法。例如直行的车道至路口时有的车道要改变为左，或右拐弯车道。什么时候直行车道变为拐弯车道？过早的改变会造成直行车道的阻塞，过晚的改变会使得直行车道上需要拐弯的车辆与不需要拐弯的车辆混杂在一起，诱发交通事故。什么时候直行车道变为拐弯车道的问题，或等价地说拐弯车道需多长的问题，不像前面所讨论的交通事故驾驶员内在因素分析、拐弯与安全带等问题的统计分析那么简单明了。它需要应用比较深而且复杂的统计分析。

资产组合

投资者当然关心股票的价格，但他更关心的是一段时间内价格的涨涨跌跌变化的情况，也就是股票价格的离散程度。有的时候股票涨了，而过了不长的时间它又跌了。这种股票的风险就大。离散程度反映了股票价格的不确定性，反映了投资者的风险。所谓资产组合就是例如购买若干个股票，使得这些股票的总的平均收益在不低于某个确定水平的前提下有最小的风险。或者对事先确定的风险，这个资产组合有最大的平均收益。这就是美国著名经济学家、金融学家，1990 年诺贝尔经济学奖获得者哈里·马可维茨（Markowitz, Harry）在《资产组合选择》一文中提出的思想。

考虑资产组合的离散程度离不开两项投资之间的相关关系的研究。例如图 1.2 的这两个股票价格之间有这样的关系，当一个股票上涨时，另一个股票基本上也处于上涨的趋势。基本上同时上升和同时下降的关系通常称为是正相关关系。而图 1.3 的这两个股票价格却有不同的关系，当一个股票上涨时，另一个股票基本上处于下跌的趋势。基本上一个上升而另一个下降，一个下降而另一个上升的关系通常称为是负相关关系。

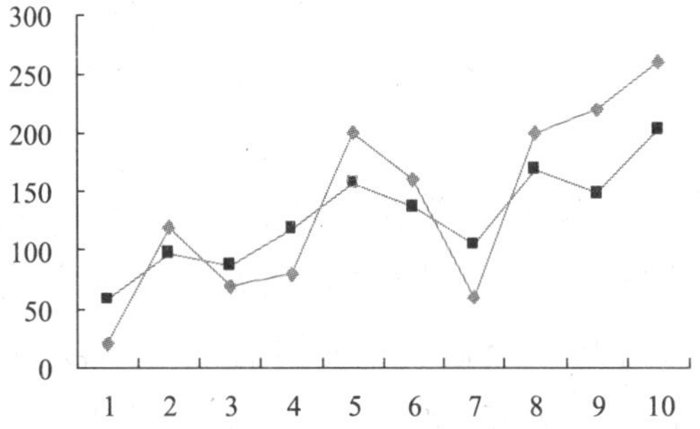

图 1.2　有正相关关系的两个股票

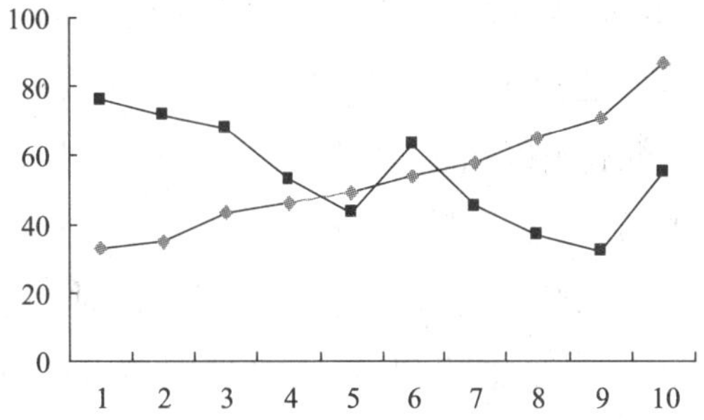

图 1.3　有负相关关系的两个股票

显然，同时购买有正相关关系的两个股票有可能有很高的收益，也有可能收益很低亏得很多，他们的风险叠加在一起，风险很大。与之相反，同时购买有负相关关系的两个股票，他们的风险相互抵消，风险很小，收益不高但比较稳定。所谓资产组合就是同时购买若干个股票，其中有些股票正相关，有些股票负相关。仔细研究这些股票之间的正负相关性，然后对他们进行选择，使得他们搭配得当，以致于在平均收益不低于某个确定水平的前提下有最小的风险，或者对事先确定的风险，有最大的平均收益。资产组合除了采用购买股票，还可以购买债券和基金等各种不同的投资方式。从不同种类，数量很多的股票、债券和基金等投资方式中挑选出资产组合，它显然需要应用比较复杂的统计分析。

控制血压

设有两个变量，其中一个变量的值是可以被人控制的。控制这个变量的值使得另一个变量的值在某个给定的范围之内，这样的问题称为控制问题。经研究"人的血压"与"人体内钠的含量"这两个变量有这样的关系：当人体内钠的含量比较多的时候，人的血压往往也就比较高。这也就是说人的血压与人体内钠的含量正相关。"人体内钠的含量"这一个变量是可以控制的，其原因就是因为人体可通过肾脏控制体内钠的含量，从而维持正常的血压。人体依靠肾脏排钠，然后减少血容量降低血压；或依靠肾脏保持钠的含量，增加血容量提高血压。当饮食中钠的含量太多以致于肾脏无法排除，或者肾脏排钠能力降低时，血压就会升高。由此可见，钠盐，俗称食盐的摄入量太多会影响人的血压。我国在研究后发现，人群膳食中平均每人每日摄入食盐增加 2 克，收缩压和舒张压分别平均增高 2mmHg（毫米汞柱）和 1.2mmHg。经深入研究，为维持人的正常血压专家建议每人每天摄入食盐应控制在 6 克。

"人的血压"与"饮食钙的摄入量"这两个变量之间有类似的关系。有研究称它们之间为负相关，饮食中钙增加了血压可以降低。对男性来说，饮食中的钙每天增加 100 毫克，收缩压和舒张压分别平均降低 0.01mmHg 和 0.009mmHg。这种负相关关系对女性表现得更加明显。美国国立卫生研究院召开会议拟定了不同人群每天最佳饮食钙摄入量，例如 20～65 岁男性钙摄入量 1000 毫克，65 岁及以上男性 1500 毫克。会议同时还特别说明，这并不意味着补钙可降低血压。钙并不是高血压患者的药，也不允许采取摄入超过推荐量的饮食钙或补钙来预防高血压，但对于每天钙摄入量低于推荐量的高血压病人，适当补充钙是有助于控制血压的。关于食盐和饮食钙与人的血压的关系的详细叙述请见参考文献[17]的 46 页（饮食与血压关系如何）和 63 页（饮食钙与高血压有关吗）。

抗拉强度和延伸率

抗拉强度和延伸率是某型号合金钢的两个重要的质量指标。研究发现抗拉强度与钢的含碳量正相关，延伸率与钢的含碳量负相关。这也就是说，钢的含碳量越多，其抗拉强度越高，而延伸率越低。通过控制钢的含碳量，有可能使得抗拉强度和延伸率都达到某个要求。例如在参考文献[18]第一章的 1.6 节就有这样的例子，将某种合金钢的含碳量控制在 0.015％和 0.151％之间，就可以使得抗拉强度大于 32 公斤/平方毫米，延伸率大于 33％。严格地说，抗拉强度并不是一定大于 32 公斤/平方毫米，延伸率也并不是一定大于 33％的。这里牵涉到概率（可能性）。天气预报说，今天是雨天，概率 80％。它的意思是说，今天可能是雨天，也可能不是雨天，是雨天的可能性（把握）比较大，达到 80％。因而严格地应该这样说，将钢的含碳量控制在 0.015％和 0.151％之间，就有 90％的把握使得抗拉强度大于 32 公斤/平方毫米，延伸率大于 33％。倘若希望有 95％的把握，那就将钢的含碳量控制在 0.024％和 0.126％之间。

身高与脚印长度

案犯脚印长为25cm，我推测他身高为……
——福尔摩斯

一般来说，成年人长得高，其足长(脚趾到脚根的长度，俗称脚印长度)也比较长。身高与脚印长度正相关。公安部门在案发现场往往能看到案犯留下的脚印，为便于破案，需要根据案犯的脚印长度推测其身高。通过研究发现我国成年人的身高关于脚印长度有这样的直线正相关关系：

$$人的身高=6.876\times脚印长度\pm误差$$

这个直线正相关关系公式也就是人们通常所说的用以描述我国成年人身高与脚印长度之间关系的回归模型，简称模型。公安部门利用这个模型就可以根据案犯的脚印长度推测其身高。例如案犯留下的脚印长度为25cm，根据这个正相关关系推测此案犯的身高约为$6.876\times25=171.9$(cm)。这说明脚印长度相同例如都是25cm的人，有的长得高，有的长得矮，其平均身高为171.9cm，意思就是说，其身高在171.9 cm的上下波动。建议读者不妨看看自己的脚印长度是多少，并由此推测自己的身高，它与身高真值的误差有多大。

美国黄石国家公园间歇喷泉

美国黄石国家公园位于美国西部北落基山和中落基山之间的熔岩高原上，公园的绝大部分在怀俄明州西北部，小部分在蒙大拿州南部和爱达荷州东部。公园面积达8956平方公里。园内的森林占全园总面积的 90%左右，水面占 10%左右。园内自然景观丰富多样，峡谷、瀑布、湖泊、间歇泉和温泉，还有丰富的野生动物，如灰熊、狼、麋鹿和野牛等，是著名的游览胜地。黄石公园建于 1872 年，是美国的第一个国家公园，也是世界上第一个国家公园。黄石公园的间歇喷泉很著名。所谓间歇喷泉是指大量的地下热水，过一段时间就会向天空喷射一次，形成不同形状的热水柱。最具代表性的间歇喷泉是老忠实间歇喷泉（Old Faithful Geyser）。该泉名副其实，每天总是非常忠实地喷发 21 次或 22 次，每次可喷发 2～5 分钟，喷发高度可达 40～60m。它把 45000 升的滚热泉水抛向高空。由于它是间歇喷泉，所以两次相邻喷发间隔的时间是不等的，短的间隔只有 40 分钟左右，而长的间隔达到 100 分钟左右。这就提出了一个问题，如何向游客预报下一次喷发发生的时间。为此首先寻找与喷发间隔时间有关系的变量。经过研究，认为这一次喷发持续时间与到下一次喷发间隔时间正相关。这一次喷发结束时，其喷发持续的时间是可观察的，而到下一次喷发间隔的时间尚未知需要预报。在美国黄石国家公园这个利用相关关系作预报的问题中，可观察的喷发持续时间称为是自变量，待预报的到下一次喷发间隔时间称为是因变量。根据观察数据得到的预报计算公式为：

老忠实间歇喷泉

$$\begin{matrix}\text{到下一次喷发}\\\text{的间隔时间}\end{matrix}=10.74097\times\begin{matrix}\text{这一次喷发}\\\text{持续时间}\end{matrix}+33.82821\pm13.09792\text{ 分钟}$$

假设这一次喷发持续时间是 3 分钟，由于

$$10.74097\times3+33.82821=66.05112$$

故预报下一次喷发大概在 66.05112 分钟后发生，误差为 13.09792 分钟。这也就是说，下一次喷发大概在 52.95320（＝66.05112－13.09792）分钟与 79.14904（＝66.05112＋13.09792）分钟之间发生。如同我们在“抗拉强度和延伸率”这一例子中所说的，与天气预报里的概率（可能性）相类似地，这里也有个概率。一般来说，概率若能达到 95％公认这是可以为大家接受的了。误差为 13.09792 分钟就是根据概率是 95％通过计算而得到的。因而严格地说，在这一次喷发持续时间是 3 分钟时，应这样地预报：下一次喷发大概在 66.05112 分钟后发生，误差 13.09792 分钟，概率 95％。这也就是说，我们有 95％的把握说，下一次喷发大概在 52.95320 分钟与 79.14904 分钟之间发生。为什么能作这样的预报，这个问题留待本书第 6 章进行讨论。

统计是收集和分析数据的科学与艺术

至此读者很可能会说，我们已经知道统计早就有了，而且统计可应用于各行各业，那么究竟什么叫统计，统计该如何定义？这个问题难以用简单明了的语言全面地回答。这正如人们通常所说的，越是看似简单的问题，往往越是深刻，难以回答。我们打算先给统计一个简单明了形象生动的定义，然后在第四章末了再给统计一个比较严谨的定义。

英国的《不列颠百科全书》给出了统计一个简单明了且形象生动的定义：

统计是收集和分析数据的科学与艺术。

这句话告诉我们统计学的研究对象是数据。统计能做两件事：一是收集数据，二是分析数据。俗话说，巧媳妇难做无米之炊。那么，对统计来说：

数据！数据！数据！我们不能做无米之炊。

必须注意的是，巧媳妇可以等丈夫买来米之后下锅，我们却不能等米下锅，不能说数据有没有不是我们统计的事，因而认为所谓统计工作就是有了数据之后用数学方法去分析数据，这样一种认识是误解了统计。分析数据仅仅是统计的一项工作。统计还有另一项工作，那就是收集数据。而且收集数据所化的时间与精力不比分析数据少，有时甚至更多。下面这样的一种说法也不过分，收集到质量高(能说明问题)的数据比分析数据更为重要。

第 2 章　观察数据

上一章末了我们说，英国的《不列颠百科全书》给出了统计一个简单明了且形象生动的定义：统计是收集和分析数据的科学与艺术。本章及第 3 章和第 4 章分别介绍收集数据的观察、调查和试验这几种方法，以及在收集数据时应该注意的一些问题。

上一章所讨论的道路交通安全管理问题中的数据，例如表 1.4 中的数据都是观察数据。随着经济发展，计算机应用的普及，大量的甚至“海量般”的观察数据呈现在我们面前。这些数据中有着大量的信息。如果对其不作观察和分析，那是一种极大的浪费。下面这个事例流传颇广。

尿布与啤酒

超市，尤其是小型超市和日夜店，常将婴幼儿的尿布与啤酒放在一起出售，这是因为店主在观察营业数据时发现，这一天尿布卖得多啤酒往往也卖得多，而且尿布与啤酒通常是同一个人买的。进一步观察发现，既买尿布又买啤酒的人往往是男的。家里没有尿布了，孩子的妈妈在照顾孩子，孩子的爸去买尿布。孩子的爸买尿布时顺便拿了啤酒。这个例子说明超市每天都有很多“海量般”的营业数据。这些观察数据的统计分析将告诉我们许多对经营超市有用的信息，例如哪一些货物畅销，哪一些货物滞销，哪些类别的货物应该放在一起，哪些类别的货物应该放在让人容易拿到的地方等。下面是观察数据的又一事例，它很有趣。

足球比赛点球的命中率

通常认为足球比赛中被判罚点球好比是判了“死刑”，点球似乎没有踢不进去的。点球的命中率究竟是多少？是不是接近 100%？这是令人感兴趣的一个问题。

1990 年 7 月 17 日“报刊文摘”的一篇报道说，美国麻省理工学院电脑专家埃克森·卡文对 1930 年至 1988 年世界各地 53274 场重大足球比赛中罚点球的情况作了统计。由观察数据发现，在判罚的 15382 个点球中，有 11172 个被罚中，命中率为 11172/15382＝72.6%。看来点球的命中率并不是如人们想象的那样接近 100%。仔细想想，这也不出乎意料之外。罚点球时大家都很紧张。当然最紧张的是罚点球的运动员和守门员。由于点球被认为理所当然是应该踢进去的，所以相比之下罚点球的运动员比守门员更紧张。球队早就有罚点球的人选，他们肯定平时练罚点球练了很多次，练得非常的熟练。罚点球的运动员肯定非常想踢进去。准备得如此的充分，但某些运动员就是因为一个极小的疏忽，功亏一篑，没有踢进去。这正如俗话所说的，越怕出错越会出错，"掉链子"只因"太想做好"。心理学研究发现，太想成功会产生反效应。

特别在球赛最后由点球决胜负时，罚点球的运动员更加的紧张，命中率更低。埃克森·卡文经统计发现，在由点球决胜负时，点球的命中率只有 65.9%。严格地说，72.6%和 65.9%只能说它们分别是点球命中率和由点球决胜负时点球命中率的估计值。

英国的《不列颠百科全书》说统计是收集和分析数据的科学与艺术。把统计学称为是一门艺术，意思是说我们在收集和分析数据时不能一味机械地使用软件搬用公式，而应该边观察，边思索，灵活甚至于要有些灵感。统计有它独特的解决问题的思考方法。这也就是人们通常所说的统计思想。学习统计最重要的是学习统计思想。而统计思想使得统计这一门艺术尽显魅力。

§2.1　格朗特的《观察》

下面举一个观察数据的经典例子。那就是出版于 1662 年的，英国人格朗特(Joun Grannt, 1620－1674)的著作:《Natural and Political Observations Made upon the Bills of Mortality，关于死亡表的自然观察与政治观察，简称观察》。有关格朗特的《观察》的详细介绍请参阅参考文献[2]的第六章，本节和§2.2 节的内容摘自该参考文献。

格朗特(1620～1674)

对格朗特的《观察》这本书的评价非常高。书出版之后，服装店主格朗特立即被当年刚成立的英国皇家学会吸收为会员。这本书被认为是近代统计学发展的起点。格朗特写这本书是对 1604 年起伦敦教会每周一本的“死亡公报”中数据的观察分析。

格朗特对“死亡公报”中数据的观察分析

公报记录了一周内死亡和出生者的名单。死者按 81 种死因（内含 63 种病因）分类。公报中男、女和不同地区分开统计。每期公报中的数据很多，从 1604 年第一期公报发表，至 1662 年格朗特的著作《观察》出版，公报共约有 3000 多期。这 3000 多期公报中的数据似浩瀚大海般的多。格朗特是观察整理分析这批数据的第一人。在当时没有电脑的情况下，格朗特整理这批数据的工作量可想而知有多大。他的著作《观察》有八章。书中有很多的表，这些表对这批浩瀚大海般的数据进行了整理，给出了一系列的结论。下面列举一些他给出的当时的人们并不知道，至今仍十分有用的结论。

格朗特在《观察》中说：

- 新生儿的男女性别比为 14 / 13；
- 在各年龄组男性死亡率皆高于女性；
- 新生儿的死亡率较高；
- 大城市的死亡率较高；
- 一般疾病和事故的死亡率较稳定；
- 传染病的死亡率波动较大，传染病流行时的死亡率比不流行时的高得多。

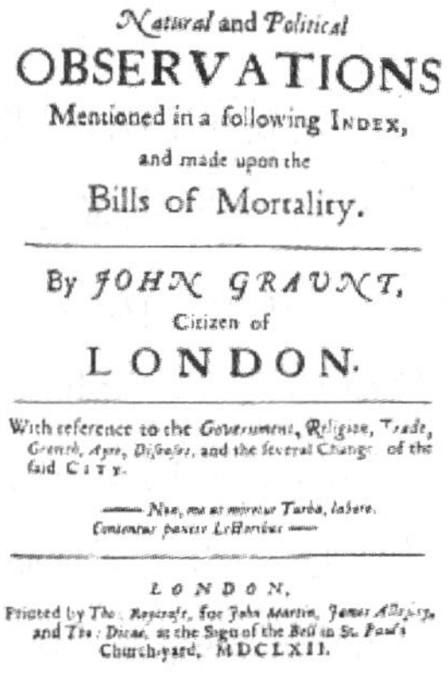
Natural and Political
OBSERVATIONS
Mentioned in a following INDEX,
and made upon the
Bills of Mortality.

By JOHN GRAUNT,
Citizen of
LONDON.

With reference to the Government, Religion, Trade, Growth, Ayre, Diseases, and the several Changes of the said CITY.

LONDON,
Printed by Tho. Roycroft, for John Martin, James Allestry, and Tho. Dicas, at the Sign of the Bell in St. Paul's Church-yard, MDCLXII.

格朗特的《观察》的封面

格朗特之前的人们一直认为，生男生女机会均等。格朗特根据 3000 多期的“死亡公报”中的新生儿的数据，得出新生儿的男女性别比为 14 / 13。这也就是我们通常所说的，出生 100 个女孩，平均来说出生 107～108 个男孩。人口统计中女性 100 人时的男性平均人数称为性别比。因而新生儿的性别比为 107 到 108。如果只经过为数不多的观察，我们是得不出“新生儿的男女性别比为 14 / 13”这个规律的。

只有经过很多次的观察，才能看到这样的一个规律。这就是统计学的“大数法则”。观察、整理和分析海量般的数据，根据“大数法则”，可以发现自然与社会现象的客观规律。

大自然安排得非常巧妙，在各年龄组男性死亡率皆高于女性。因而尽管出生的新生儿中女的少男的多，但随着年龄的增加，女性人数减少得慢，而男性人数减少得快，性别比越来越小。例如上海市 60 岁及以上老年人口性别比为 86.2；65 岁及以上老年人口性别比为 81.3，80 岁及以上高龄老人性别比为 62.6，100 岁及以上老年人口性别比为 25.9。高龄的婆婆不少而高龄的公公难得一见。

格朗特的生命表

格朗特的《观察》根据当时伦敦地区出生和死亡人数推算编制了世界上第一张生命表，见表 2.1。需注意的是，表中的最高寿命是 85 岁，这并不是说当时伦敦没有寿命超过 85 岁的人。这仅表明当时伦敦寿命超过 85 岁的人不多。考虑到表 2.1 的生存人数的基数是 100 人，所以平均来说该表中就没有人活过 85 岁。倘若表的生存人数的基数是 1000 人，10000 人，或者和现在通常使用的生命表相同地，取生存人数的基数是 100000 人，那么平均来说表中就有人活过 85 岁了。

格朗特的这张生命表显然很粗糙。现在人们所使用的生命表比起它来精细得多了。现在的生命表通常取生存人数的基数为 100000 人，年龄以 1 岁分段，婴幼儿甚至以月分段。男和女，吸烟和不吸烟分开有各自的生命表，甚至特殊的人群例如化工厂的工人、煤矿工人等都有自己的生命表。现在的生命表不论如何精细，其基本结构和表 2.1 基本相同。表 2.1 格朗特的生命表是开创性的工作。

表 2.1　格朗特的生命表

年龄/岁	起点生存数	期间死亡数
0～5	100	36
6～15	64	24
16～25	40	15
26～35	25	9
36～45	16	6
46～55	10	4
56～65	6	3
66～75	3	2
76～85	1	1

若各个年龄段中死亡者的寿命均取其中间值，则由表 2.1 计算得到当时伦敦地区 100 个居民的总的寿命为

$$36\times2.5+24\times10.5+15\times20.5+9\times30.5+$$
$$6\times40.5+4\times50.53\times60.5+2\times70.5+1\times80.5=1772$$

因而，当时（17 世纪 60 年代）伦敦居民的平均寿命为 1772÷100=17.72 岁。在人口统计中平均寿命通常称为期望寿命。注意，17.72 是期望寿命。这说明，当时伦敦有的人寿命不到 17.72 岁，有的人寿命超过 17.72 岁。总的来讲，对于一个刚出生的婴幼儿，人们能期望的，他的平均寿命是 17.72 岁。正因为如此当时的人们才会有这样的感叹，人生七十古来稀。

在数据尤其是在“海量般”的数据中寻找信息的工作，通常将它比喻为采掘矿藏。矿石里含有很多的杂质。剔除杂质把矿提炼出来的技术至关重要。同样地，原始数据是杂乱无章的。从杂乱无章的数据中提炼出对我们有用的信息，需要应用统计的理论和方法。

§2.2　异常值

矿石里含有很多的杂质，剔除了杂质才能把矿提炼出来。与此

相类似地，杂乱无章的原始数据中既包含着有用的信息，也包含着无用的，甚至误导我们的信息。识别并剔除或校正这些无用的、甚至误导我们的信息的工作至关重要。这个工作也需要使用统计的理论和方法，但更重要的是这项工作依赖于人们对统计数据敏锐的观察力，以及我们对问题的实际背景的理解。下面让我们看看格朗特在《观察》中是如何做的。

黑死病(鼠疫)流行的两个年份死亡率为什么相差这么大

格朗特在《观察》中提出了数据是否可信的问题。倘若有人篡改数据(数据有水分)，或书写有误，度量仪器失灵等，这样得到的观察数据称为是异常值。显然，异常值不可信。格朗特在《观察》中就发现了这样一个异常情况。它与黑死病(The black death，鼠疫)有关。

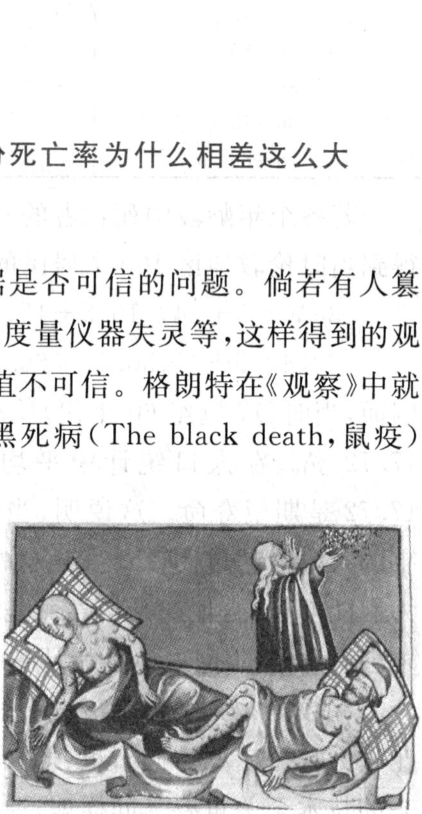

关于黑死病患者的图画

1347 年到 1352 年期间，黑死病在欧洲凶猛爆发，导致 2500 多万人丧生。在随后的 300 多年间，黑死病仍然周期性地爆发。黑死病是传染病，其死亡率波动较大。在黑死病流行的年份其死亡率高，在它不流行的年份死亡率低。1603 年和 1625 年都是黑死病流行的年份。格朗特注意到 1603 年 4 月～12 月和 1625 年 4 月～12 月这两个时间段的情况有很大的不同，看下面的表 2.2。

表 2.2　黑死病死亡情况的比较

	1603 年 4 月～12 月	1625 年 4 月～12 月
死亡总人数	37294	51758
非黑死病(正常)死亡人数	6733	16341
黑死病死亡人数	30561	35417
黑死病死亡人数的比例	30561/37294=83.0%	35417/51758=68.4%

虽然 1603 年和 1625 年都是黑死病流行的年份，但这两年的死亡率有很大的差别。1625 年黑死病死亡率比 1603 年降低了很多。是真的降低了，还是数据有异常？考虑到一般疾病(正常)的死亡率比较稳定，格朗特认为 6733(1603 年 4 月～12 月非黑死病(正常)死亡人数)与 16341(1625 年 4 月～12 月非黑死病(正常)死亡人数)，这两个数不可能相差这么大。

1625 年 1 月～12 月整个一年的死亡总数为 54265 人，并且 1 月～3 月没有黑死病死亡的报告，由此格朗特计算得到 1625 年非黑死病死亡人数为 54265－35417 ＝ 18848(人)。格朗特注意到 1625 年前后在黑死病没有流行的时候，非黑死病死亡人数在 7000 人与 8000 人之间。看来 1625 年非黑死病死亡人数 18848 人比邻近年份约多出了 11000 人。考虑到一般疾病的死亡率比较稳定，因而格朗特认为 1625 年非黑死病死亡人数比邻近年份多 11000 人，这里面有问题。进一步的调查发现，不少死者家属行贿，把本该登记为黑死病死亡的人改为其他原因死亡。这也就是说，1625 年 1 月～3 月很可能有人死于黑死病，而且 4 月～12 月死于黑死病的很可能不止 35417 人。格朗特推测 1625 年死于黑死病的人应比 35417 人多。这也就是说，伦敦教会每周一本的“死亡公报”中记载的 1625 年死于黑死病有 35417 人被他识别为异常值。这个异常值产生的原因就是由于有人故意篡改数据，把黑死病死亡的人故意登记为其他原因死亡。这也就是说数据有水分。

校正异常值

发现了有水分的异常值之后，接下来的问题就是如何对它进行校正。格朗特考虑到1625年非黑死病死亡人数18848人比邻近年份约多出了11000人，据此他推测1625年约有11000个死于黑死病的人被错报成非黑死病死亡。这也就是说，1625年黑死病死亡人数应该是

$$35417+11000=46417(\text{人})$$

将1625年黑死病死亡人数35417人校正为46417人之后，由于1625年1月～12月整个一年的死亡总数为54265人，所以这一年黑死病死亡人数的比例就等于

$$46417/54265=85.5\%$$

这就与计算得到的1603年4月～12月黑死病死亡人数的比例83.0%相差不大了，见下面的表2.3。看来，将1625年黑死病死亡人数35417人校正为46417人是合理的。

表2.3　经格朗特校正之后的黑死病死亡情况的比较

	死亡总人数	黑死病死亡人数	黑死病死亡人数的比例
1603年4月～12月	37294	30561	83.0%
1625年1月～12月	54265	46417	85.5%

如何发现异常值并对它如何校正一直是人们很关心的问题。格朗特识别1625年死于黑死病的人数，35417人是有水分的异常值，把它校正为46417人，这仅仅是个"个案"。他所采用的方法并不能照搬过来解决其他的有水分的异常值的识别与校正问题。此类问题的解决往往需要具体问题具体分析，依赖于我们对所研究的

问题的实际背景的理解。

异常值产生的原因除了篡改数据，数据有水分之外，还可能是由于书写记录有误，度量仪器失灵等。下面介绍的“莱茵河多长”就是后一个原因产生异常值的一个例子。

莱茵河多长

莱茵河是世界上最繁忙的水道之一，它的长度在欧洲排名第四，仅次于伏尔加河、多瑙河和第聂伯河。莱茵河源头在瑞士格劳宾登州阿尔卑斯山区。它流经列支敦士登、奥地利、德国和法国，直到荷兰湾的出海口。在各大百科全书、官方文件到学校教科书，都说莱茵河总长 1320 公里。事实上这是一个“大乌龙”。莱茵河的确切长度应该为 1230 公里。多出了 90 公里。发现这个“乌龙”的不是地理学家，而是科隆大学的生物学家克雷默(Bruno Kremer)。2010 年初，他在编写一本关于莱茵地区生物世界的书时发现在 20 世纪初期许多文献都说，莱茵河的长度并非一贯认为的 1320 公里，而是大约 1230 公里。

莱茵河

克雷默说，20 世纪初期许多文献都说，莱茵河总长约 1230 公里。首次错误出现在 1932 年的克瑙尔氏百科全书中。很可能当初有人粗心地把十位和百位上的数字弄颠倒，将莱茵河的长度误写为 1320 公里。随后人们就互相引用这一错误的数字沿袭至今。而某些专业书籍中记载的正确数字，莱茵河总长约 1230 公里，此前却没有引起人们的重视。据克雷默测算，莱茵河总长应该为 1233 公里左右。

澳洲是大陆还是岛屿

倘若有人篡改数据，数据有水分，或书写错误，度量仪器失灵等，这样得到的异常值显然是不可信的。但有的时候我们观察到的异常值并不是由上述原因造成的，的确是真实的观察值。对于这样的异常观察值我们当然不能对它进行校正。事实上，这个异常情况很可能含有丰富的信息。对它的仔细分析有可能对于我们有很多的启示。例如检验灯泡的寿命，其余灯泡都失效熄灭之后，唯有一或二个灯泡还亮着。很少的几个灯泡与众不同，其寿命特别长，这是异常的观察值。详细了解分析此种异常情况产生的原因，有助于提高质量延长灯泡寿命。

历史上曾经有过争论，澳（澳大利亚）洲是大陆还是岛屿。倘若澳洲是岛屿，下面分析这将会产生什么问题。表 2.4 是世界上面积超过 2.5 万平方公里的岛屿和它的面积，其最后一个“岛屿”是澳洲。

表 2.4　世界上面积超过 2.5 万平方公里的岛屿和它的面积

单位：万平方公里

岛屿	面积	岛屿	面积	岛屿	面积
格陵兰岛	217.56	古巴岛	10.58	梅尔维尔岛	4.21
新几内亚岛	79.25	冰岛	10.18	南安普敦岛	4.12
加里曼丹岛	72.52	棉兰老岛	9.75	马拉若岛	4.01
马达加斯加岛	58.79	爱尔兰岛	8.16	斯皮茨卑尔根岛	3.90
巴芬岛	47.66	北海道岛	7.87	九州岛	3.74
苏门答腊岛	47.40	伊斯帕尼奥拉岛	7.39	台湾岛	3.60
本州岛	22.58	库页岛	7.25	新不列颠岛	3.51
维多利亚岛	21.73	班克斯岛	7.00	威尔士亲王岛	3.33
大不列颠岛	20.93	斯里兰卡岛	6.77	新地岛南岛	3.325
埃尔斯米尔岛	19.62	塔斯马尼亚岛	6.50	海南岛	3.321
苏拉威西岛 .	18.07	德文岛	5.52	温哥华岛	3.13
新西兰南岛	14.58	亚历山大一世岛	4.91	帝汶岛	2.84
爪哇岛	13.88	火地岛	4.74	西西里岛	2.57
新西兰北岛	11.16	新地岛北岛	4.71	澳洲	768.71
吕宋岛	11.00	贝克纳岛	4.39		
纽芬兰岛	10.89	阿克塞尔海伯格岛	4.32		

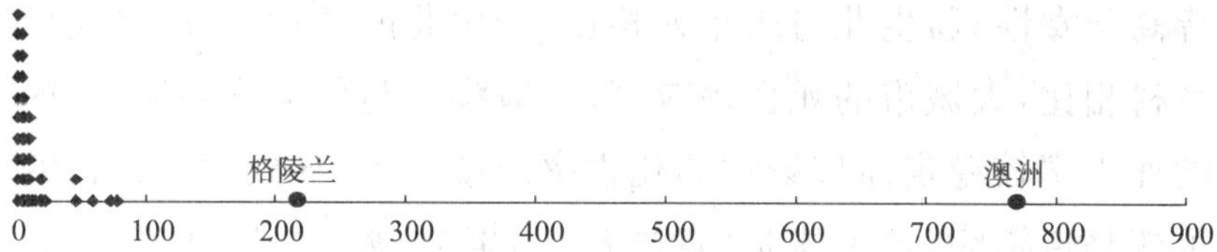

图 2.1　岛屿的面积

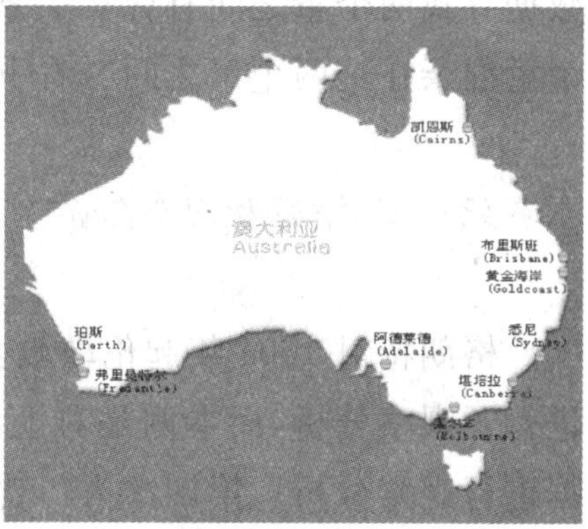

澳大利亚地图,南端的岛屿是表 2.4 第二列的第 10 个岛屿,塔斯马尼亚岛

表 2.4 中岛屿面积的分布情况如图 2.1 所示。由此图可以清楚地看到,倘若把澳洲看成岛屿,则它孤零零地在世界上其他岛屿的右边,离开大家很远。他的面积 768.71(万平方公里)是第二大的格陵兰岛的面积 217.56(万平方公里)的三倍半多。由此看来,倘若澳洲是岛屿,则它是一个异常值。这反过来就是说,澳洲不是岛屿而是大陆。澳洲称为是大洋洲,是世界上七大洲中最小的一个洲。由图 2.1 可以看到,异常值可形象地称为是离群值。虽然格陵兰岛也是一个离群值,但考虑到它是北欧国家丹麦的领土,紧挨着加拿大,人们一直把它看成岛屿。而澳洲离亚非欧洲、美洲和南极洲大陆很远,人们一直把它看成陆地。

§2.3　混　　杂

判断两个量有没有关系,有什么样的关系是数据分析的一个目的。例如格朗特通过数据分析发现死亡率与性别、年龄、居住地以及疾病类型等都有关系:男性与女性相比,各个年龄组内男性死亡率皆高于女性；新生儿与成年人相比，新生儿的死亡率较高；大城市与乡村相比，大城市的死亡率较高；一般疾病与传染病相比，一般疾病的死亡率较稳定而传染病的死亡率波动较大；导致意外死亡的原因可能是传染病，也可能是（意外伤亡）事故，两者相比传染病的死亡率波动较大而事故的死亡率较稳定。需要指出的是，在分析观察数据寻找两个量之间有什么关系的时候必须注意分析有没有第三个量混杂在这两个量之间。看下面的例子。

死亡率、婚姻状况与年龄

格朗特对 1604 年起伦敦教会每周一本的“死亡公报”中的数据进行了观察分析，而本例是对上海市 1990 年第四次人口普查的数据进行观察分析。第四次人口普查的标准时间是 1990 年 7 月 1 日零时。由普查资料我们可以了解到上海市 1990 年 7 月 1 日的居民人数，以及从 1989 年 1 月 1 日到 1990 年 6 月 30 日，这一年半时间内的死亡人数。人口统计中死亡率（单位：‰）的计算公式为

$$\text{死亡率}=\frac{\text{年死亡人数}}{\text{年平均(或年中)人数}}\times 1000‰$$

由此看来，为了计算死亡率，除了知道 1990 年 7 月 1 日的居民人数，还需要知道从 1990 年 1 月 1 日到 1990 年 12 月 31 日一年中的死亡人数。本例假设这一年中的死亡人数等于由普查资料得到的从 1989 年 1 月 1 日到 1990 年 6 月 30 日的死亡人数的 2/3。第四次人口普查把婚姻状况分为 4 类：未婚、有配偶、丧偶及离婚。由普查资料可观察得到上海市居民的婚姻状况的各项数据。本例观察分析死亡率与婚姻状况有什么关系。表 2.5 给出了上海市 25 岁及以上的居民 1990 年 7 月 1 日各类婚姻状况的人数，和它们在 1990 年这一年里的死亡人数，以及它们的死亡率。

表 2.5　婚姻状况与死亡率

	未婚	有配偶	丧偶	离婚
居民人数	563254	7865556	695114	101112
死亡人数	1921.4	44963.0	33959.9	924.3
死亡率/‰	3.411	5.716	48.855	9.141

表 2.5 告诉我们，丧偶的死亡率最高。配偶丧亡给丧偶者带来巨大的心理创伤，免疫功能显著下降，容易发生感染和疾病，危及生命。社会和家庭成员对丧偶者的关心和照顾，丧偶者的再婚是他们保持健康的有效措施。相对于未婚和有配偶，离婚的死亡率也比较高。离婚与丧偶不同，它受社会、文化和经济众多因素的影响。倡导树立正确的恋爱观，这对于降低死亡率有积极的意义。发人深思的是未婚的死亡率居然比有配偶的低，难道说结婚不利于人体健康？有必要对观察到的这个颇为蹊跷的现象进行深入研究分析。我们知道，有很多因素例如年龄、性别、职业和婚姻状况等都与死亡率有关。这些因素中，显然年龄是最重要的。是不是由于年龄这个因素（又称因子）的混杂，才使得未婚的死亡率比有配偶的低？所谓混杂的意思是说，死亡率既与婚姻有关，也与年龄有关。因而在研究死亡率与婚姻状况之间有什么样的关系的时候，倘若人群中既有老年人，也有中年人和年青人，由于夹杂着年龄的影响，有可能观察到的死亡率与婚姻状况之间的关系并不是真正的关系。由此看来，有必要在把年龄这个混杂因素对于死亡率的影响尽可能的降低，甚至把它消除掉之后，再来研究死亡率与婚姻状况之间有什么样的关系。降低或消除年龄对于死亡率的影响的一个有效方法就是分别研究不同年龄段的人，例如分别研究青年人、中年人和老年人的死亡率与婚姻状况有什么样的关系。当然最好是将同年龄同时刻出生的人放在一起，观察死亡率与婚姻状况有什么样的关系，但这不容易做到。我们退而求其次，在同样年龄或年龄相差不多的居民中

观察死亡率与婚姻状况的关系，这样的一个分析数据的常用方法称为是控制混杂因子（年龄）。本例将 25 岁及以上的居民分为 3 个年龄组：青年人（25～34 岁）、中年人（35～54 岁）和老年人（55 岁及以上）。认为在观察分析各个年龄组的居民的婚姻状况与死亡率有什么关系的时候，已基本消除了年龄这个混杂因子的影响。

控制混杂因子（年龄），分成一个个年龄组，看各个年龄组内死亡率与婚姻状况的关系，其目的是为了消除年龄这个混杂因子对于死亡率的影响。

简单地说，所谓控制混杂因子（年龄）就是分开来看，看各个年龄组内死亡率与婚姻状况的关系。表 2.5 是不考虑年龄，也就是合在一起看死亡率与婚姻状况的关系。而表 2.6 的“分开来”的这三行可以理解为考虑到年龄，分别观察青年、中年和老年人的死亡率与婚姻状况的关系。

表 2.6　未婚和有配偶与死亡率(‰)

		未婚			有配偶		
		居民人数	死亡人数	死亡率	居民人数	死亡人数	死亡率
分开来	青年(25～34 岁)	454458	678.3	1.493	2469311	1294.9	0.524
	中年(35～54 岁)	95738	595.9	6.224	4127772	10287.7	2.492
	老年(55 岁及以上)	13058	647.2	49.563	1268473	33380.4	26.315
合在一起(25 岁及以上)		563254	1921.4	3.411	7865556	44963.0	5.716

合起来看观察到的情况与分开来看观察到的情况，可能是一样的，也可能是不一样的，甚至是相反的。

表 2.6 告诉我们，婚姻状况中的未婚和有配偶与死亡率的关系，合起来看与分开来看，看到的情况是不一样的。

将 25 岁及以上的人合在一起，未婚的死亡率比有配偶的低。但分开来看，无论是青年、中年还是老年都是未婚的死亡率比有配偶的高。由于分开来看消除了年龄这个混杂因子的影响，所以很自然地我们认为，“未婚的死亡率比有配偶的高”这个结论比较合理。结婚是人生的一件大事，其意义不仅在于组织家庭，维护社会安定，繁衍后代，而且对保障人们的健康，预防疾病，降低人口死亡率也有重大意义。根据疾病心理学的研究，随着年龄的增长，未婚者的孤独感逐渐严重，导致患病率和死亡率的上升。社会应关心青年，尤其是大龄青年的恋爱婚姻，这有益于提高他们的健康水平，维护社会和谐。

辛普森悖论

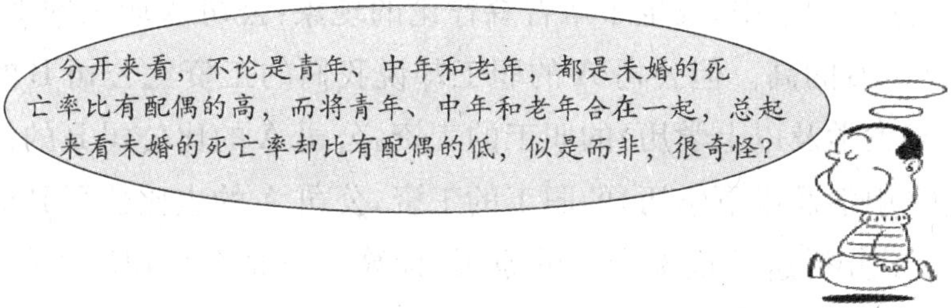

分开来看未婚的死亡率比有配偶的高，而合起来看未婚的死亡率却比有配偶的低，似是而非的这类现象在统计学中被称为是辛普森悖论(Simpson Paradox)。英国统计学家辛普森(E. H. Simpson)于 1951 年提出了一个悖论：

两组数据，分开讨论得到某种性质，可合并考虑却导致不一样的结论。

为纪念辛普森，特将他提出的这种类型的悖论称为是辛普森悖论。本例的辛普森悖论有 3 个年龄组的数据，分开来讨论得到的结论是：未婚的死亡率比有配偶的高。如果将这 3 个年龄组的数据合并起来讨论得到的结论正好相反：未婚的死亡率比有配偶的低。

下面的例子说明辛普森悖论并不罕见，其发生的原因也不难理解。

公司 A 和公司 B 的职工工资，哪家公司高

看下面虚拟但很能说明问题的例子。

公司 A	有 15 个高学历职工，每人的工资都是 6 万元。	有 5 个低学历职工，每人的工资都是 3 万元。	平均工资 5.25 万元。
公司 B	有 5 个高学历职工，每人的工资都是 7 万元。	有 15 个低学历职工，每人的工资都是 4 万元。	平均工资 4.75 万元。

在这个例子中，发生了辛普森悖论的现象：公司 A 职工的平均工资比公司 B 的高。但公司 A 的职工却说我们的工资比公司 B 的低：高学历（大学及以上学历）的职工的工资，公司 A 的比公司 B 的低，而低学历（中学及以下学历）的职工的工资，公司 A 的也比公司 B 的低。

为了分析这种现象产生的原因，计算一下每个公司职工的平均工资与各种学历职工的工资的关系。

$$公司\ A\ 职工的平均工资=\frac{6\times15+3\times5}{20}=6\times\frac{15}{20}+3\times\frac{5}{20}$$
$$=6\times0.75+3\times0.25=5.25（万元）$$

$$公司\ B\ 职工的平均工资=\frac{7\times5+4\times15}{20}=7\times\frac{5}{20}+4\times\frac{15}{20}$$
$$=7\times0.25+4\times0.75=4.75（万元）$$

从上面两个算式可以看出，公司职工的平均工资是该公司各种学历的职工的工资的加权平均，这里的“权”，就是公司各种学历的人数与公司总人数的比：

公司 A 高学历职工工资 6 万元，其人数与公司 A 职工人数的比＝15/20＝0.75；

公司 A 低学历职工工资 3 万元，其人数与公司 A 职工人数的比＝5/20＝0.25；

公司 A 职工的平均工资＝高学历职工工资×权重＋低学历职工工资×权重

＝6×0.75＋3×0.25＝5.25(万元)

公司 B 高学历职工工资 7 万元，其人数与公司 B 职工人数的比＝5/20＝0.25；

公司 B 低学历职工工资 4 万元，其人数与公司 B 职工人数的比＝15/20＝0.75；

公司 B 职工的平均工资＝高学历职工工资×权重＋低学历职工工资×权重

＝7×0.25＋4×0.75＝4.75(万元)

公司职工的平均工资不仅与各种学历职工的工资有关，还与该学历职工与公司总人数的比有关。

在公司 A，虽然每种学历的职工的工资都比公司 B 的少，但由于公司 A 学历高、工资高的人多，学历低、工资低的人少；而在公司 B 的情况恰相反，学历高、工资高的人少，学历低、工资低的人多。因而公司 A 的职工的平均工资比公司 B 的高。这就是辛普森悖论发生的原因。

注意，虽然公司 A 学历高、工资高的人多，学历低、工资低的人少，公司 B 学历高、工资高的人少，学历低、工资低的人多，但并不能说，在这样的情况下辛普森悖论的现象一定发生。只需将上面的例子稍加修改，辛普森悖论的现象就不发生了。

公司 A	有 15 个高学历职工，每人的工资都是 6 万元。	有 5 个低学历职工，每人的工资都是 3 万元。	平均工资 5.25 万元。
公司 B	有 5 个高学历职工，每人的工资都是 8 万元。	有 15 个低学历职工，每人的工资都是 5 万元。	平均工资 5.75 万元。

由此看来，究竟有没有辛普森悖论还需要算一算，根据数据计算验证。

死亡率、婚姻状况与年龄之间的辛普森悖论的原因分析

在比较两家公司职工工资的例子中，混杂因子是学历。分析辛普森悖论发生的原因，关键是计算各种学历职工的人数与本公司总人数之比。为了找出上海市1990年第四次人口普查数据分析的死亡率、婚姻状况和年龄之间的辛普森悖论发生的原因，我们很自然地想到要分别计算未婚的青年、中年和老年居民的人数和比例，以及有配偶的青年、中年和老年居民的人数和比例，见表2.7。

表2.7　未婚与有配偶的青年、中年和老年居民的人数和比例

	未　婚		有配偶	
	居民人数	比例/%	居民人数	比例/%
青年	454458	80.68	2469311	31.39
中年	95738	17.00	4127772	52.48
老年	13058	2.32	1268473	16.13
合计	563254	100.00	7865556	100.00

未婚的青年人到了中年很可能成家，由此看来，对未婚者来说青年人比中年人多，对有配偶者来说青年人比中年人少。这正如表2.7告诉我们的，在未婚者中超过80%的是青年，而中年只有17%，老年的更少，不足2.5%。有配偶者的情况与未婚者不同，一半以上的是中年，老年的超过15%。而由表2.6可以看到，不论未婚还是有配偶，都是青年的死亡率最低，中年其次，老年最高。

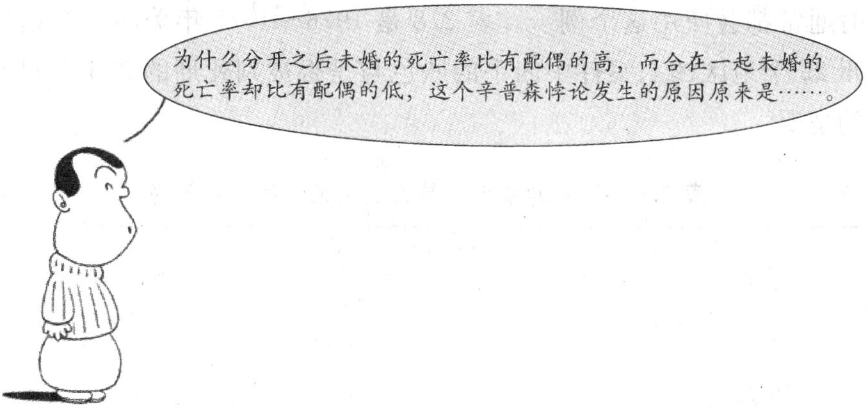

- 未婚者中年龄小的占的比例高，年龄大的占的比例低，因为年龄小的死亡率低，因而未婚者总的死亡率比较低；
- 相对于未婚者而言，有配偶者中年龄小的占的比例低，年龄大的占的比例高，因为年龄大的死亡率高，因而有配偶者总的死亡率较高。

这就是为什么在表 2.6 我们看到，分开之后未婚的死亡率比有配偶的高，而合在一起未婚的死亡率却比有配偶的低，这样一个辛普森悖论发生的原因。年龄这个因子就是这样在死亡率和婚姻状况之间起着混杂作用。

分析数据，尤其是分析观察数据时，必须注意有没有混杂因子，辛普森悖论有没有发生。当然，必须注意的是，有混杂因子并不是说，辛普森悖论一定发生。本章复习题第 6 题是对上海市 1990 年第四次人口普查的数据进行观察分析，研究文化程度与死亡率的关系，请大家看看这里面有没有辛普森悖论。

法官判刑时有没有种族歧视

下面的一个例子是辛普森悖论的典型例子，在讲解辛普森悖论时通常都会使用这个例子。表 2.8 是 1976～1977 年美国佛罗里达州 29 个地区凶杀案件中凶手的肤色与是否被判死刑的 326 个犯人的情况：

表 2.8　凶手的肤色和是否被判死刑的情况汇总

凶手	死刑判决		凶手死刑判决的比例
	是	否	
白人	19	141	0.119
黑人	17	149	0.102

看来在凶手死刑判决的问题上，不存在种族歧视。事实上，白人凶手被判死刑的比例 0.119 还比黑人凶手被判死刑的比例 0.102 高。难道说在法官判刑时没有种族歧视？为什么观察结果与 1976 年和 1977 年美国的实际情况不符，其原因在那里？难怪有人说统计可能撒谎，可用来骗人。利用统计骗人达到自己不可告人的目的，这样的人是有的。但不乏是有些人误用了统计，或滥用了统计从而给出了错误的信息。正确地使用统计的理论和方法去分析数据，获取真实的信息，为决策提供可靠的依据至关重要。

在凶手死刑判决的问题上，经过进一步的观察分析，发现了一个混杂因子，那就是被害人的肤色。根据被害人的肤色将表 2.8 分解，得表 2.9。

表 2.9 的上面和下面分别是两张和表 2.8 相类似的表。上面那张表是被害人是白人时凶手的肤色和是否被判死刑的情况汇总；而下面那张表是被害人是黑人时凶手的肤色和是否被判死刑的情

表 2.9　被害人肤色，凶手肤色和是否被判死刑的情况汇总

被害人	凶手	死刑判决		凶手死刑判决的比例
		是	否	
白人	白人	19	132	0.126
	黑人	11	52	0.175
黑人	白人	0	9	0.000
	黑人	6	97	0.058

况汇总。表 2.8 左上方格中的数 19 是白人凶手总的被判死刑的人数，它等于白人凶手杀死白人被判死刑的人数（表 2.9 上面那张表左上方格中的数 19）与白人凶手杀死黑人被判死刑的人数（表 2.9 下面那张表左上方格中的数 0）的和。表 2.8 其余方格中的数依此类推。这也就是说：

表 2.8 左上方格中的数 19＝表 2.9 上面那张表左上方格中的数 19＋表 2.9 下面那张表左上方格中的数 0；

表 2.8 左下方格中的数 17＝表 2.9 上面那张表左下方格中的数 11＋表 2.9 下面那张表左下方格中的数 6；

表 2.8 右上方格中的数 141＝表 2.9 上面那张表右上方格中的数 132＋表 2.9 下面那张表右上方格中的数 9；

表 2.8 右下方格中的数 149＝表 2.9 上面那张表右下方格中的数 52＋表 2.9 下面那张表右下方格中的数 97。

表 2.8 可以看成表 2.9 上面和下面两张表合在一起而得到的。我们可以把表 2.9 想象为一座二层楼房，底层和二层分别是表 2.9 下面和上面两张表。表 2.9 上面和下面两张表合在一起可以想象为这座楼房倒塌后叠在一起，表 2.9 的两张表压在一起就得到了表 2.8。

由表 2.9 上面那张表可以看到，当被害人是白人时，白人凶手被判死刑的比例 0.126 比黑人凶手被判死刑的比例 0.175 低；由下面那张表可以看到，当被害人是黑人时，没有白人凶手被判死刑，黑人凶手被判死刑的比例为0.058，白人凶手被判死刑的比例显然比黑人凶手被判死刑的比例低。由此看来，这里面有辛普森悖论：

- 合起来看不考虑被害人的肤色，白人凶手被判死刑的比例比黑人凶手被判死刑的比例高(见表2.8)；
- 根据被害人的肤色分开来看，无论被害人是白人还是黑人，都是白人凶手被判死刑的比例比黑人凶手被判死刑的比例低(见表2.9)。

无论被害人是白人还是黑人，都是白人凶手被判死刑的比例低，这是判刑时的种族歧视的一个表现。这说明法官判刑时在看凶手究竟是白人还是黑人。但这并不是判刑时，种族歧视的主要表现。由表2.9的上下两张表，我们可以清楚地看到，判刑时的种族歧视主要表现在，法官在看究竟是白人遇害还是黑人遇害：

- 如果白人遇害被杀，由表2.9的上面那张表可以看到，白人凶手死刑判决的比例为0.126，黑人凶手死刑判决的比例为0.175，它们都比较高。总之，白人遇害凶手死刑判决的比例高。

- 如果黑人遇害被杀，由表2.9的下面那张表可以看到，白人凶手死刑判决的比例为0，黑人凶手死刑判决的比例为0.058，它们都比较低。总之，黑人遇害凶手死刑判决的比例低。

由此看来，表2.9观察结果与1976年和1977年美国的实际情况相符，我们获取到真实的信息。

分析数据，尤其是分析观察数据时，必须注意有没有混杂因子，辛普森悖论有没有发生。否则的话，有可能得到与实际情况不符的错误的结论。

第 2 章小结

• 统计是收集和分析数据的科学与艺术。

• 收集数据常用的有观察、调查和试验等这几种方法。

• 识别并剔除或校正无用的、甚至误导我们的异常值的工作至关重要。

• 在研究两个量相互之间有什么样关系的时候识别混杂因子的工作至关重要。控制混杂因子是消除混杂因子影响的常用方法。

• 辛普森悖论：两组或多组数据，分开讨论得到某种性质，合并考虑，却导致相反的结论。

第3章　调查数据

除了观察，数据还可以通过调查得到。有两种类型的调查：普查（又称全面调查）与抽样调查。第2章我们对上海市第四次人口普查的数据进行观察分析，研究了死亡率与婚姻状况的关系。一般来说，普查是为某个特定目的专门组织的某个地区，甚至全国的一次全面调查。我国在1953年组织了第一次全国人口普查，接着在1964年与1982年分别组织了第二次与第三次全国人口普查。在第三次全国人口普查之后我国按世界各国的惯例，逢“0”年进行人口普查。1990年与2000年分别组织了第四次与第五次全国人口普查。普查涉及到每一个个体，调查工作量大，所需要的人力、物力、财力和时间都非常多，因而只能间隔一段比较长的时间再进行一次。两次普查之间，可使用抽样调查获取数据。例如我国今后每隔10年，逢“0”年将进行人口普查。而在两次人口普查之间，逢“5”年将进行人口抽样调查。

抽样调查

所谓抽样调查就是仅调查一部分个体。人们习惯称这一部分被调查的个体为样本，样本的大小称为样本容量，而将所研究的个体的全体称为总体。从总体抽取样本的过程称为抽样。抽样调查就是由部分样本数据推断整个总体的数量规律性，或简单地说，抽样调查由样本推断总体。

例如所谓的民意调查简单地说，就是就某一问题对一部分人进行提问，然后将他们的回答汇总在一起，推测整个社会对这个问题的看法。

抽样调查可以用图 3.1 来加以说明。

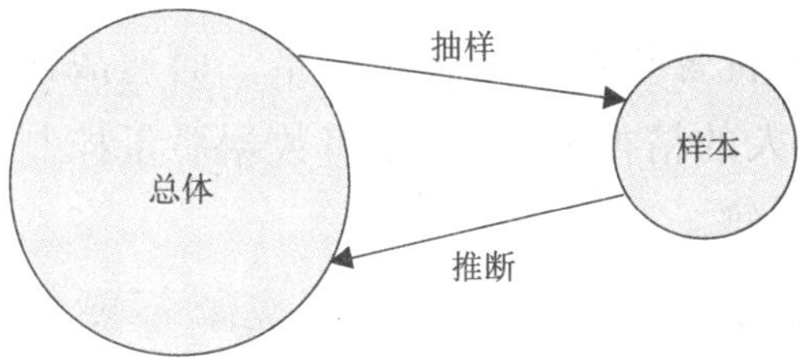

图 3.1　抽样调查

我国从 20 世纪 80 年代起就在每两次人口普查的中间进行一次全国 1%人口抽样调查。所谓 1%人口抽样调查就是说抽取全国总人口的 1%进行调查，然后由这 1%人口的数据推断我国总人口的数量规律性。1987 年、1995 年与 2005 年分别组织了第一次、第二次与第三次全国 1%人口抽样调查。此外，1987 年与 2006 年分别组织了第一次与第二次全国残疾人抽样调查。

由于仅调查一部分个体，所以根据抽样调查的部分数据推断整个总体的数量规律性难免有误差。由于其推断有统计的理论和方法作为依据，因而抽样调查可以控制误差。

例如对于民意调查来说，所谓控制误差通常就是考虑这样的一个问题，究竟向多少人提问，汇总得到的结论才能和整个社会的实际情况很接近？如何控制误差的问题，这也就是说样本容量多大为好，抽怎样的一组样本来进行调查，如何抽取样本，如何调查，以及如何由样本来推断总体等，都要用到很多的统计理论和方法。

和普查相比，抽样调查不失为一个既能节省人力、财力、物力和时间，又可靠的调查方法。普查拖的时间长，花的精力多，难怪有人说普查打的是疲劳战，而抽样调查花的时间和精力比普查少多了，好比速战速决。普查调查每一个个体，这样得出的结论理应是最精确的。但疲劳战的普查，长时间的工作使得人的精神不容易集中，调查登记数据很有可能会出错。因而普查事后，通常还得使用抽样调查的方法来评价普查数据的登记质量。而速战速决的抽样调查，工作时间不长，人的精神集中，不难将数据质量控制好，调查登记数据反而不大会出错。

第1章所讨论的商场选址、康泰克要不要复活以及会计和审计工作中抽样检查部分帐目等问题的数据都是抽样调查的数据。

与观察数据相类似地，调查数据也有可信性的问题。既然抽样调查是由部分样本数据推断整个总体，因而它的可信性问题主要表现在：部分样本数据是不是总体的一个缩影，或简单地说样本能不能代表总体。

在样本不能代表总体时，就说调查数据有偏差。本章将介绍使得调查数据产生偏差的一些原因。

§ 3.1　美国总统选举的民意调查

1936 年美国总统选举的民意调查是调查数据的经典例子。它告诉我们调查数据一旦有偏差，由它推断总体将导致错误的结论。有关美国总统选举的民意调查的详细介绍请参阅参考文献[1]的第二部分，以及参考文献[5]的第六部分，本章 § 3.1 和 § 3.2 节的很多内容都来自这两个参考文献。

美国总统选举

1936 年美国总统选举盖洛普和《文学摘要》杂志的预测针锋相对

《文学摘要》杂志

1936 年民主党人罗斯福(Roosevelt)作为美国总统第一个任期满。共和党人兰登(Landon)与他竞争总统。当时最为著名的民意调查机构，《文学摘要(The literary Digest)》杂志，根据有约 238 万人参加的民意调查，预测共和党人兰登的得票率为 57%，民主党人罗斯福的得票率为 43%。《文学摘要》杂志认为兰登当选下一任总统。1936 年，盖洛普(Gallup，1901～1983)于一年前刚创立了他的民意调查机构。他根据一个约 5 万人参加的民意调查，预测共和党人兰登的得票率为 44%，民主党人罗斯福的得票率为 56%。

与《文学摘要》杂志针峰相对地，盖洛普认为罗斯福将连任下一届总统。

《文学摘要》杂志因从1916年到1932年的五次美国总统选举都正确地预测而名噪一时。这次他依据的是庞大的238万人的民意调查，他理所当然地认为这次的预测结果肯定仍然是对的，共和党人兰登将当选总统。盖洛普虽然依据的是区区5万人的民意调查，但他坚信自己的调查方法是精心设计的、科学的，自己的预测结果是正确的，民主党人罗斯福将当选总统。当时的美国舆论也在关心谁是正确的，谁将笑到最后。选举结果颇出人意料，民主党人罗斯福的得票率为62%，共和党人兰登的得票率为38%。罗斯福胜出当选总统。罗斯福的得票率，《文学摘要》杂志与盖洛普的预测以及它们的误差见表3.1。

盖洛普(1901～1983)

表3.1　1936年美国总统选举结果及预测

	罗斯福的得票率/%	误差/%
《文学摘要》杂志(样本238万)预测	43	−19
盖洛普(样本5万)预测	56	−6
实际选举结果	62	

《文学摘要》杂志依据238万人的样本所作出的预测居然有两位数的误差，达到19%。如此之大的误差，让人惊异不已。人们感到《文学摘要》杂志作为一家评论性的杂志，其信誉太差了。过了两年，1890年创刊的《文学摘要》杂志在1938年停刊，被另一家杂志兼并了。而盖洛普所创立的调查机构自此之后越来越兴旺。1958年，他将该机构改组成盖洛普公司。在盖洛普及其公司人员的不断努力下，公司最终成了国际性权威的民意和商业调查咨询

公司。难怪有人说1936年的这次选举最大的赢家不是罗斯福，而是盖洛普。

在这个美国总统选举的民意调查中，总体是有选举权的美国人的全体。为了由样本(被调查的部分美国人)的意愿推断出总体的意愿，其必要条件是样本能代表总体。《文学摘要》杂志的预测误差之所以如此之大，其原因就在于尽管他的样本有238万人，非常的大，但却不能代表总体，因为他选取调查对象的方法有误。《文学摘要》杂志仅向该杂志订户，以及诸如根据电话簿向家中有电话的人员，以及根据汽车拥有者名册向家中有汽车的人员发放问卷作调查。大家知道，自1929年起美国进入了长达10年的经济大萧条时期。可想而知，1936年收入在一般水平之上的人员才有余钱订阅杂志。根据统计资料，1936年的美国四个家庭中平均来说仅有一家装电话。总之，在1936年有余钱订阅杂志，有能力装置电话，购买汽车的人，他们是一个特殊的群体，是经济比较富裕，收入在一般水平之上的人员。由此看来，《文学摘要》杂志选取的样本有排斥经济拮据人员的倾向，这个样本并不能代表所有的选民。1936年美国，民主党人罗斯福作为现任总统，他为扭转美国经济大萧条实行新政，受到大众的欢迎。当时的美国选民分裂为两个不同的层次，许多收入在一般水平之下的人员倾向民主党，许多高于一般水平收入的人员倾向共和党。由于《文学摘要》杂志调查的对象基本上都是收入在一般水平之上的人员，所以他就过高地预测了共和党的总统候选人的选票。低于一般水平收入的人员虽然没有余钱订阅杂志，用不上电话，没有汽车，但他们也有选举总统的权利，而且这些人比收入在一般水平之上的人员多得多。因而《文学摘要》杂志选取调查对象的方法有误。尽管他的调查数据非常多，但有偏差。他选取的样本不能代表总体，作出错误的预测是难免的。有人用一句话概括了《文学摘要》杂志预测出错的原因，这是因为他的调查对象选择了共和党人兰登，而全体选民却选择了民主党人罗斯福。

定额抽样法

盖洛普的预测误差为什么比《文学摘要》杂志的预测误差小得多，其原因就在于尽管他的样本只有5万人，但相对于《文学摘要》杂志而言，盖洛普选取的样本能比较好地代表总体。这与他选取调查对象的方法有关。这种方法 就是盖洛普在从事新闻工作中逐步发展起来的，所谓的"定额抽样法"。1936年美国总统选举，盖洛普首先根据例如普查局的数据了解某地区的各项指标，例如性别、年龄、种族、住处和房屋租金等的分布情况。其中房屋租金的多与少反映了这个家庭的贫穷与富裕的情况。接下来根据该地区各项指标的分布情况按比例确定调查人数。然后派调查员亲自去调查访问。例如盖洛普要求访问员在St. Louis地区访问13个对象，至于访问哪13个人不作规定，但要求必须满足下列条件：

6人住在近郊，7人住在市中心；

男的7人，女的6人；

7个男的中：

3人40岁以下，4人40岁及以上；

1个黑人，6个白人；

对女的有类似的定额规定；

对6名男的白人支付的房屋月租（这里指1948年的价格）有如下的规定：

1人支付的金额不少于44.01美元；

3人支付的金额在18.01美元与44美元之间；

2 人支付的金额不多于 18 美元。

定额抽样法的目的是为了使得样本能代表总体，也就是使得被调查的 5 万人的意愿能代表美国全体选民的意愿。为此，他不仅向拥有电话或汽车的收入在一般水平之上的人员作调查，也向没有电话和汽车的收入低于一般水平的人员作调查。他面向全体选民，根据选民的类别按比例作调查。由此看来，盖洛普的预测误差比《文学摘要》杂志的预测误差小得多是可想而知的。

定额抽样法要求抽样调查设计人员具有丰富的经验知识以及相应的统计资料，能对某地区的各项指标的分布情况作出正确的判断。此外，还要求访问员访问固定的人数，至于访问谁可由访问员自行选定，但访问对象需满足一定的要求，使得样本中性别、年龄、种族、住处和房屋租金等的比例与根据普查局了解到的该地区的分布情况大致相同。这就要求访问员能正确判断访问对象是否符合要求，他是不是需要访问的人？倘若有两个或更多的人都符合要求，则访问员就得考虑，究竟访问谁？由此可见，正确有效地实施定额抽样法离不开人的主观判断与选择。

定额抽样法是早期美国总统选举民意调查采用的方法。后来的实践，尤其是 1948 年的美国总统选举发现，根据定额抽样法得到的调查数据也有偏差，选取的样本仍有欠缺，并不能很好地代表总体。这其中的最为主要的原因就是人为选择和人为判断的主观性。这也就是说人为判断，以及人为选择都有可能出错。

除了 1936 年的美国总统选举，1948 年的美国总统选举也是调查数据一旦有偏差，由它推断总体将导致错误结论的经典例子。1948 年的美国总统选举让盖洛普警觉地意识到，有必要改进定额抽样法，将人为判断与人为选择，这些人的主观行为转变为客观行为。

1948 年的美国总统选举三家民意调查机构全都错了

这张照片悬挂在《芝加哥论坛报》的主编办公室里，每一任主编都要看着这张让报纸蒙受耻辱的照片而工作。

1948 年民主党人杜鲁门(Truman)作为美国总统第一个任期满后，共和党人杜威(Dewey)与他竞选。盖洛普基于 5 万人的调查，预测共和党人杜威获胜，领先 6 个百分点。美国其余两家主要的民意调查机构，克劳斯莱和罗伯尔也都预测杜威获胜。他们分别预测杜威领先 5 个和 15 个百分点。除了民意调查机构，当时的美国媒体一边倒地认为杜鲁门必败。美国知名的 50 位政治评论家都认定，此次大选杜威获胜无疑。大选日当晚，《芝加哥论坛报》抢先印刷了印有“杜威击败杜鲁门”通栏标题的号外，向全国发行。但让人跌破眼镜的是，民主党人杜鲁门以 50%对 45%的优势获胜，击败了共和党人杜威。杜鲁门获胜后，得意洋洋地手举印有“杜威击败杜鲁门”大幅通栏标题的《芝加哥论坛报》返回华盛顿。1948 年美国总统选举是美国历史上最富有戏剧性的大选，详细情况见表 3.2，其中 Thurmond 和 Wallace 是从民主党内分裂出来的两个政党。

表 3.2　1948 年美国总统选举结果及预测

候选人	盖洛普预测/%	克劳斯莱预测/%	罗伯尔预测/%	实际选举结果/%
杜鲁门(民主党)	44	45	38	50
杜威(共和党)	50	50	53	45
Thurmond	2	2	5	3
Wallace	4	3	4	2

令人奇怪的是，这三家民意调查机构都预测共和党人杜威获胜，他们全都错了。考虑到这三家民意调查机构都采用定额抽样法，人们很自然地想到，难道定额抽样法出了问题？定额抽样法给了访问员一个权利，访问谁可由访问员自行选定。恰恰是这使得调查结果有偏差。设想某个访问员被派到某个街区，要求他访问一个白人，年龄 40 岁以上，城市居民。设想他遇到两个符合调查要求的白人，一个穿着整洁，说话有礼，看似正派，而另一个穿着比较肮脏，说话粗声粗气。为顺利完成访问任务，访问员很自然地去接近前者。而前者很可能是个共和党的选民。共和党的选民往往较为富裕，受过较好的教育，住在较好的街区，他们乐意接受访问。这样一来定额抽样法就使得访问员不知不觉地访问了过多的共和党的选民。从而与《文学摘要》杂志的调查方法相类似地，定额抽样法的民意调查也过高地预测了共和党的总统候选人的选票，过低地预测民主党的总统候选人。看表 3.1 的 1936 年美国总统选举，民主党人罗斯福的实际得票率为 62%，但《文学摘要》杂志预测和盖洛普预测他的得票率分别为 43% 和 56%，都比实际得票率低。当然，《文学摘要》杂志的调查方法比盖洛普的定额抽样法更不利于民主党的总统候选人。正因为如此，在 1936 年的美国总统选举中，《文学摘要》杂志不仅过低地预测了民主党人罗斯福的得票率，而且低了很多，因而他认为共和党人兰登获胜。而盖洛普虽然也是过低地预测了罗斯福的得票率，但低得不多，因而他仍认为罗斯福获胜。

定额抽样法过高预测共和党的总统候选人的得票率

1948 年美国总统选举盖洛普预测错误。与《芝加哥论坛报》一样，他也蒙受了耻辱。而正是这才使得他警觉地回过头来仔细审视前面几次的美国总统选举。盖洛普发现不仅 1948 年，而且 1936 年、

1940 年和 1944 年的总统选举都过低地预测了民主党的总统候选人的得票率，过高地预测了共和党的总统候选人的得票率。看下面的表 3.3。

表 3.3　定额抽样法有利共和党的总统候选人

年份	候选人	盖洛普预测候选人得票率/%	候选人实际得票率/%	误差/%
1936	罗斯福(民主党)	55.7	62.5	−6.8
	兰登(共和党)	44.3	37.5	+6.8
1940	罗斯福(民主党)	52.0	55.0	−3.0
	Wilkie(共和党)	48.0	45.0	+3.0
1944	罗斯福(民主党)	51.5	53.8	−2.3
	杜威(共和党)	48.5	46.2	+2.3
1948	杜鲁门(民主党)	44.5	49.5	−5.0
	杜威(共和党)	49.5	45.1	+4.4
	Thurmond	2.0	3.0	−1.0
	Wallace	4.0	2.4	+1.6

注：①表 3.3 和下面的表 3.6 的数据来自：http://www.gallup.com/poll/9442/Election−Polls−Accuracy−Record−Presidential−Elections.aspx

②表 3.3 与表 3.2 的数据有的稍有出入，这是因为表 3.2 的数据来自参考文献[5]，与表 3.3 的数据有不同的来源。数据稍有出入可能与小数点的位置有关。

表 3.3 的前三次总统选举虽然盖洛普都过高地预测了共和党的总统候选人的得票率，过低地预测了民主党的总统候选人的得票率，但由于民主党的总统候选人的优势明显，所以他都预测民主党的总

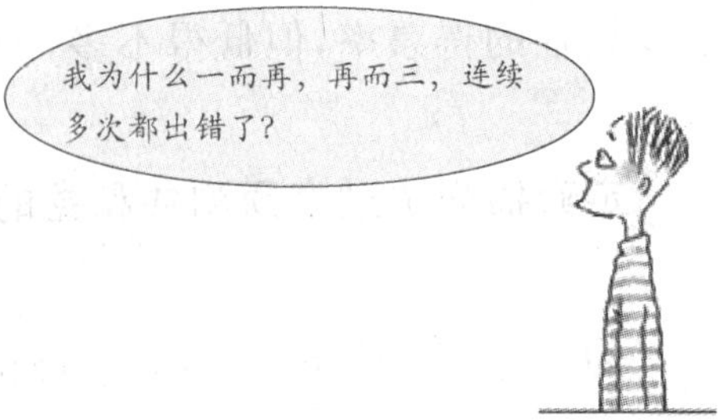

连续出错，应引起人们的深思

统候选人获胜，与选举结果相符，没有出错。1948 年的总统选举民主党的总统候选人杜鲁门的优势并不明显，在过高地预测了共和党的总统候选人杜威的得票率之后，他就预测杜威获胜。这与选举结果不相符，出错了。而正因为 1948 年的这一次出错使得盖洛普警觉地看到了，他连续四次都出错了。

研究显示，出错的主要原因就在于定额抽样法允许访问员自行选定被访问人员。这使得访问员不知不觉地访问了过多的共和党人，从而导致调查数据有偏差，样本不能很好地代表总体。根据有这样偏差的调查数据作出的预测显然有利于共和党的总统候选人。其实这就是通常人们所说的人为选择有可能出错。

之后的美国总统选举的民意调查，盖洛普采用的新的调查方法，就不让访问员自行选取访问对象，而要求访问员去某个指定的家里面对面地进行访问。为什么一定要去家里访问，这是因为研究显示，去城市的某一个特殊场所，如商店、体育馆、火车站等地访问例如年青人，他代表的是城市里出现在这个特殊场所的年青人。而欲寻找城市里所有年青人的代表，那就应该去人们家里访问。至于如何指定被访问人家的问题，抽样调查设计人员使用的是随机抽样的方法，例如使用众所周知的抽签法。随机抽样方法的简要介绍见本章 § 3.2 节。

1948 年的美国总统选举有天气的原因

在介绍盖洛普新的民意调查方法之前，我们回过头来再分析一下 1948 年的美国总统选举优势并不明显的民主党人获胜的天气原因。表 3.2 中的 Thurmond 和 Wallace 是从民主党内分裂出来的两支政党，一支站在“左翼”的立场，另一支站在“右翼”的立场。民主党内的混战显然有利于共和党的杜威。但出人意料的是，共和党总统候选人杜威落选，而天气是他落选的一个原因。

1948 年 11 月 2 日大选开始，直到次日凌晨，杜威与杜鲁门的得票还不相上下，焦点集中在俄亥俄州、伊利诺伊州和加里福尼亚州。选举日当天在这三个州都有暴风雨，尤其是这些州的乡村地区更是下着倾盆大雨，泥土路被雨水弄得很脏。一般来说，乡村地区有比较多的共和党的保守派传统选民，而都市里民主党的自由派传统选民比较多。雨水阻止乡村地区的选民前去投票，以致于乡村地区的投票率非常的低，这显然有利于民主党的总统候选人杜鲁门。在俄亥俄州、伊利诺伊州和加里福尼亚州都是民主党人杜鲁门胜过共和党人杜威。这三个州雨水起了不小的作用，帮了民主党人杜鲁门。1948 年的美国总统选举有天气的原因。它可以被理解为不可预料的随机因素。

§3.2 随机抽样

定额抽样法首先得清楚地了解总体，这就要求抽样调查设计人员，根据自己的经验以及相应的统计资料能对总体各项指标的分布情况作出准确的判断。对于性别（男人还是女人），种族（黑人还是白人），年龄（老年人、中年人还是青年人）等指标的分布情况，准确判断不难。但对于收入（低、中等还是高），健康状况（差、中等还是良好）等指标的分布情况，准确判断就有困难，很可能了解到的并不是真实的情况。而这其实就是通常人们所说的人为判断有可能出错。

人为判断有可能出错

除了抽样调查设计人员，定额抽样法还要求访问员能正确判断被访问对象是否符合要求，他是不是需要访问的人。这在有的时候是相当困难的。例如美国总统选举时某个访问员被告知，去 St. Louis 地区访问 13 个人，其中 6 人住在近郊，7 人住在市中心。那么一个既在近郊又在市中心有房子，有时住在近郊有时住在市中心的人，他是算住在近郊的人，还是算住在市中心的人？倘若认为他什么都不算，把这种情况的人排除在调查之外，则就有失公正，难道这些人不是选民。再一个既在城镇工作又在农村种田的人，他是农民还是城镇工人。又例如访问员被告知，访问的 7 个男的中，3 人 40 岁以下，4 人 40 岁及以上。为了确保准确性，访问员很可能挑选那些看上去明显小于 40 岁或明显大于 40 岁的人进行调查。这样一来，由于调查数据中缺少 40 岁左右的人而导致样本有偏，我们就难以获得可靠的结果。人为判断有难度，可能出错，就是因为他有主观性，不是客观行为。

随机抽样是避免人为判断出错的一个既有效，又简单的方法。它将人为判断的主观行为变换为客观行为。众所周知的抽签就是最为简单的随机抽样方法。

抽签

在国际著名的耶鲁大学，抽签这个很为简单的方法常被校方用来解决一些棘手问题。例如 2001 年 10 月 5 日耶鲁大学 300 周年校庆，以克林顿总统的演讲作为闭幕式。消息在网上公布后两个小时内就有好几千人订票，要求参加校庆闭幕式。怎么办？校长办公室说，抽签。

2008年6月27日是美国软件业巨擘微软公司创始人比尔盖茨作为全职员工在公司工作的最后一天，28日起他从微软“一把手”执行董事长的位置退休，转任非执行董事长。自此之后他将全身心投入慈善事业。微软员工都想参加27日下午送别盖茨的活动。经过抽签，有830名幸运的微软员工赢得了宝贵的一个席位，出席了此次送别盖茨的活动。国际著名高科技的微软公司也是用抽签的方法来解决这个棘手问题的。

假设微软公司有5000名员工。所谓抽签就是将总体5000个员工分别编为1号、2号、……、5000号。然后在5000张小纸条上分别写上数字1、2、……、5000，并将这5000张小纸条放在例如一个盒子内，并随机搅动这些纸条，使得这些小纸条在盒子内毫无规则地分布着。然后从盒内随机地抽取830张纸条。观看抽取到的纸条上的数字，它所对应的那个幸运员工就获准参加送别盖茨的活动。看来，如果按这样的方法来抽签，肯定很不方便了。事实上，通常人们是在5000个员工分别编上号之后，利用电脑（或计算器）产生的随机数实施抽签。用电脑实施抽签那就非常简单。

抽签的背后隐含着一个真理，每一个学生，每一个员工都是平等的，他们都应受到公平的对待，每一个人被抽取到的机会都是一样大的。

随机抽样

假设某大学有 10000 个教职员工。我们欲调查 100 人，了解他们的意愿。然后由这 100 人的意愿推断这 10000 人的意愿。又假设这个大学的 10000 个教职员工中，男女教职员工分别有 6000 人和 4000 人，6000 个男性其中年龄小于 40 岁与 40 岁及以上的分别有 4500 人和 1500 人，4000 个女性其中年龄小于 40 岁与 40 岁及以上的各有 2000 人。若按定额抽样法抽样，则首先将 10000 个教职员工按性别和年龄分成四个类别，然后根据各个类别的人数按比例确定调查人数。各个类别的人数，以及他们的分布情况与调查人数见表 3.4。按抽样调查的术语，类别称为层。表 3.4 将总体按性别和年龄分成四层。

表 3.4　各个类别(层)的人数，分布与调查人数

类别(层)	男性		女性		合计
	小于 40 岁	40 岁及以上	小于 40 岁	40 岁及以上	
人数	4500	1500	2000	2000	10000
分布(比例)	45%	15%	20%	20%	100%
调查人数	45	15	20	20	100

定额抽样法与随机抽样法的第一个区别就在于，前者是要求访问员去访问例如 45 个小于 40 岁的男性，至于访问谁则让访问员自行选定。而后者是从 4500 个小于 40 岁的男性中随机例如抽签抽取 45 人，指定访问员去访问这 45 人。前面我们说了，若使用定额抽样法，访问员很可能挑选那些看上去明显小于 40 岁的人进行调查。这也就是说，比 40 岁小得不多的人与明显小于 40 岁的人被访问的机会是不一样大的，前者较后者小得多。从而导致调查数据有

偏，缺少比 40 岁小得不多的人的数据。由于抽签法使得每一个教职员工被抽取到的机会都相等，所以他公正地对待比 40 岁小得不多的人与明显小于 40 岁的人，从而使得样本能很好地代表总体。相对于定额抽样法而言，这是随机抽样法的一个显著的优点。

定额抽样法与随机抽样法的第二个区别就在于，定额抽样法是按比例抽样，总人数比较多的层，其调查人数也比较多。看表 3.4，各个层的调查人数都是该层总人数的 1%。这也就是说，定额抽样法各层的抽样比例一样大，都等于 1%。随机抽样法各层的调查人数与该层的总人数有关，但更主要的是与该层内人和人之间的差异程度（变化幅度）有关。因而随机抽样法的各个层的抽样比例可以不相等。差异（变化幅度）越大的层，其抽样比例往往也越大。看下面的会计工作是如何运用抽样方法的一个例子。

抽样方法在会计工作中的一个应用

下面简要介绍第一章所讨论的会计和审计工作中的一个问题，从总的 22984 份运货单中是如何应用分层抽样调查的方法，科学地抽取 9% 的 2072 份运货单的（详细讨论见参考文献[1]的第三部分的“在工作的人们”这一节的第 1 篇文章：《会计师如何通过抽样法节省资金?》）。分层抽样调查方法通常用于总体内个体差异比较大的情况。对分层抽样有兴趣的读者可参阅参考文献[6]的第四章。

这些运货单上的运费相差很大，低的只有 ＄2.00，而高的达 ＄200。正由于这 22984 份运货单上运费的波动幅度比较大，我们将这些运货单按运费的多少分为五层，见表 3.5 的第 2 列。各个层的运货单运费的波动幅度见该表的第 3 列。显然，运费波动幅度越大的层的抽样比例越高。而运费波动幅度越小的层的抽样比例越低。倘若某一个层的运费波动幅度小到等于 0，这也就是说该层的运货单上的运费都相等，那我们仅需抽 1 张运货单就行了。在考虑了运费波动幅度以及其他有关因素之后，最终确定的各个层的抽样比例见表 3.5 的第 4 列。

表 3.5　层和抽样比例

层	运费	运费波动幅度	抽样比例/%	入样运货单编号的最后两位或最后一位数字
1	\$2.00 至 \$5.00	\$3.00	1	02
2	\$5.01 至 \$10.00	\$5.00	10	2
3	\$10.01 至 \$20.00	\$10.00	20	2 或 4
4	\$20.01 至 \$40.00	\$20.00	50	00 至 49
5	\$40.01 至 \$200.00	\$160.00	100	00 至 99

第 1 层的抽样比例为 1%，意思是说抽取第 1 层的总运货单的 1%进行检查，由这 1%运货单的数据推测第 1 层的总的运费应如何分摊，有多少是属于例如切萨皮克—俄亥俄铁路公司的。依此类推，推测其他各个层的总的运费应如何分摊，有多少是属于例如切萨皮克—俄亥俄铁路公司的。最后将各个层的推测结果合并在一起，得到总的 22984 份运货单中应支付给切萨皮克—俄亥俄铁路公司的运费总额的估计值为 \$64568。

每一个层上都是随机抽样（例如抽签）得到样本。事实上，如何实施抽签可具体问题具体分析。由于每一张运货单都有编号，本例就根据运货单编号的最后两位或最后一位数字来实施抽签。例如第 1 层的抽样比例为 1%，我们就可以规定运费幅度在 \$0 至 \$5.00 之间的，其编号的最后两位数字例如为 02 的运货单入选样本，简称入样。究竟哪两个数字应采用随机的方法（例如用抽签法）确定。根据抽样比例，各个层的样本的号码见表 3.5 的第 5 列。

由表 3.5 可以看到，运费越高的层抽样比例越高，运费最高的层的运货单全部都要检查。因而这是一种全面调查与抽样调查相结合的调查方法。企业调查通常使用的所谓的目录抽样的方法就是一种全面调查与抽样调查相结合的调查方法。企业调查实施目录抽样法,首先是建立企业目录,内有例如企业名称、从业人员、产值、产量和利润等资料;然后按某个设定的标准将企业区分为例如大、中与小三种类型。一般来说,大型企业数量不多但很重要,往往对他们实施全面调查。中型企业的抽样比例比小型企业的高。由于小型企业数量很多,其样本容量往往比中型企业的多。小型企业情况复杂、数量很多且非常分散,它的抽样调查的实施方案往往比较复杂,需视具体情况而定。

美国总统选举民意调查的分层多阶抽样方法

1952 年之后的美国总统选举,盖洛普放弃定额抽样调查,改用随机抽样调查。他所采用的随机抽样方法比抽签要复杂得多,是一种分层多阶抽样的方法。前面说了,分层抽样通常用于总体内个体差异比较大的情况。而多阶抽样通常用于总体内个体数很多的情况。多阶抽样调查方法见稍后的简要介绍。对多阶抽样调查有兴趣的读者可参阅参考文献[6]的第九章。美国有 2 亿多选民,因而美国总统选举民意调查采用分层多阶抽样方法那是很自然的事。

盖洛普采用的随机抽样方法有以下六个步骤:

第 1 步. 将美国分为四个地理区域:东北、南、中西、西。

<table>
<tr><td rowspan="2">西</td><td>中西</td><td>东北</td></tr>
<tr><td colspan="2">南</td></tr>
</table>

盖洛普之所以将美国分为四个地理区域,是考虑到不同地理区域之间选民的差异比较大,而同一个地理区域内部的差异相对来说小一些。这里的地理区域就是层。盖洛普将美国分为四层。

第 2 步．由于每一个地理区域内都有很多的选民，倘若直接抽取选民进行调查，工作量势必很大。为此，盖洛普将每一个地理区域分成一个个城镇，首先抽取城镇，然后再从抽中的城镇抽取选民。按抽样调查的术语，这就是多阶抽样的意思。不同的地理区域被划分成一个个城镇的标准有所不同，例如在东北地区，人口在 5 万到 25 万的居民中心区划分成城镇。第一阶抽样就是在每一个地理区域内用抽签的方法随机抽取若干个城镇。

选出的城镇(阴影代表被抽出的城镇，下同。)

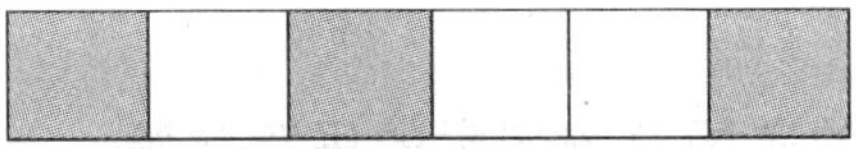

第 3 步．考虑到每一个城镇内有上万甚至几十万的选民，所以盖洛普将每一个城镇划分成一个个选区。第二阶抽样就是在每一个选出的城镇内用抽签的方法随机抽取若干个选区。

选出的选区

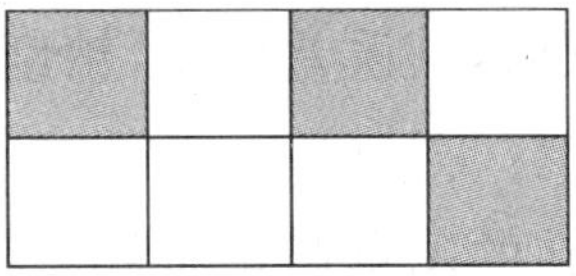

第 4 步．将选区划分成分选区。第三阶抽样就是在每一个选出的选区内用抽签的方法随机抽取若干个分选区。

选出的分选区

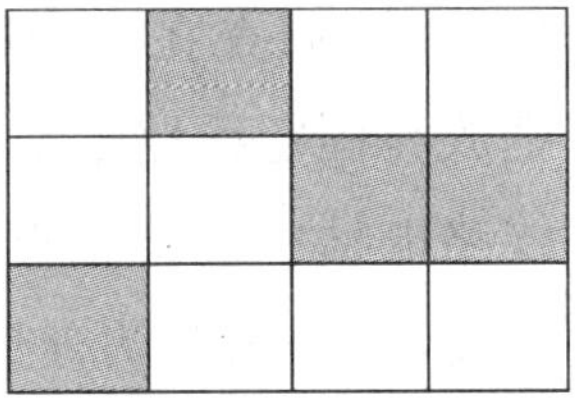

第 5 步．第四阶抽样就是在每一个选出的分选区内用抽签的方法随机抽取若干个家庭。

选出的家庭

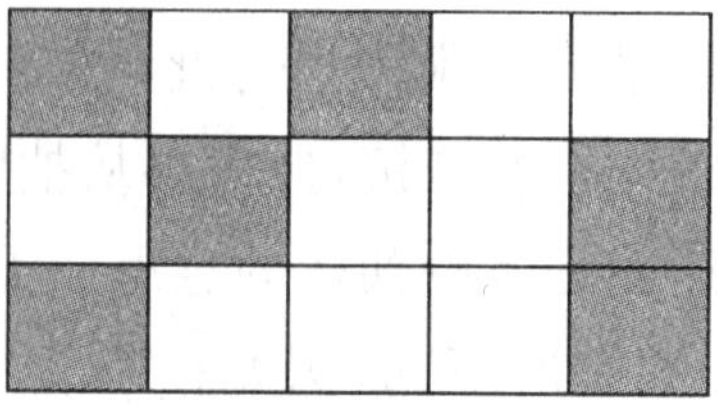

第 6 步．最后访问选出的家庭中的某个成员。访问员会接到通知，例如要求他与家庭中 18 岁以上的最年青的男子交谈，若男子不在家，则与 18 岁以上的最年长的女子交谈等。

1948 年之后的美国总统选举的民意测验

1948 年及以前盖洛普民意测验使用定额抽样法调查 50000 人。以后用随机抽样方法去选取样本，调查人数远远小于 50000 人，见表 3.6 第 2 列。由于随机抽样方法公正地对待每一位选民，没有偏袒任何一方的倾向，其误差更小，精度提高了很多，看表 3.6 最后一列。

随着电话普及，现在的民意调查通常采用从电话号码中随机取号，然后通过电话访谈调查。随着社会越来越重视保护个人隐私，越来越讲信用，电话访谈拒绝回答的人越来越少，乐意表达自己意愿的人越来越多。电话访谈的民意调查迅速且有效。近来，民意调查机构也注意到，传统电话访谈调查在当今社会有它的欠缺之处。这是因为如今有不少家庭放弃固定线路电话，仅使用手机。如果民意调查机构仍然从固定线路电话中挑选调查对象，那就要与只使用手机的选民失之交臂。由此可见，民意调查机构需要不断地仔细分析有什么新情况，小心翼翼地挑选能真正代表广大选民的调查样本。

表 3.6　1948 年后美国总统选举盖洛普民意测验的预测情况

年份	样本容量	获胜总统	盖洛普预测得票率/%	选举结果/%	误差/%
1952	5385	艾森豪威尔(共和党)	51.0	55.4	−4.4
1956	8144	艾森豪威尔(共和党)	59.5	57.8	+1.7
1960	8015	肯尼迪(民主党)	51.0	50.1	+0.9
1964	6625	约翰逊(民主党)	64.0	61.3	+2.7
1968	4414	尼克松(共和党)	43.0	43.5	−0.5
1972	3689	尼克松(共和党)	62.0	61.8	+0.2
1976	3439	卡特(民主党)	48.0	50.1	−2.1
1980	3500	里根(共和党)	47.0	50.8	−3.8
1984	3456	里根(共和党)	59.0	59.2	−0.2
1988	4089	布什(共和党)	56.0	53.9	+2.1
1992	2000	克林顿(民主党)	49.0	43.3	+5.7
1996	2000	克林顿(民主党)	52.0	50.1	+1.9
2000	3100	小布什(共和党)	48.0	47.9	+0.1
2004	1573	小布什(共和党)	49.0	51.0	−2.0
2008		奥巴马(民主党)	53.0	55.0	−2.0

如今，不仅民意调查，还有商业调查、住户调查、物价调查和收视率调查等在广大民众中的信誉都是很高的。当然，任何成功都不可能一蹴而就，永远一帆风顺的。例如盖洛普民意调查就曾因 1948 年美国总统选举预测错误而蒙受耻辱。收集社会经济信息的这些抽样调查就是在经历一次次失败的过程中取得成功的。不仅如此，成功的背

后也曾遭受过质疑，甚至打击，看下面的故事。在一次聚会上，一位女性问盖洛普："我为什么没有被调查过？"盖洛普解释道："你被调查的可能性就像人被雷击的可能性一样大。"那位女士说："但是我确实曾经被雷击过呀。"这个故事充分说明了早期公众对民意调查的不信任和质疑。当然，盖洛普并没有因人们的质疑，怀疑或放弃自己对民意调查的执着与研究。公众为什么会不信任和质疑民意调查，这与统计思维方法还没有广泛普及有一定的关系。本书就是希望能为普及统计出一份力。

调查数据分析时的辛普森悖论

由我们前面所举的例子可以看到，有缺陷的抽样方法有可能产生不同类型的偏差。下面的例子将说明，抽样方法的缺陷有可能在对调查数据进行分析时发生辛普森悖论。为了解不同年龄的人对某项措施的看法有没有差别，分别调查了 2000 个年龄小于 40 岁和年龄在 40～59 岁之间的人。调查结果如下：在 2000 个年龄小于 40 岁的人中，有 1640 个人同意，360 个人不同意；在 2000 个年龄在 40～59 岁之间的人中，有 1440 个人同意，560 个人不同意。通常将这批数据表示成交叉分组列表 3.7。

表 3.7　按"年龄"与"对某项措施看法"分组的二向交叉分组列表

	同意	不同意	合计	同意的比例
年龄＜40 岁	1640	360	2000	82%
年龄 40～59 岁	1440	560	2000	72%
合计	3080	920	4000	77%

由表 3.7 的最下面一行可了解到，全部 4000 个人中，有 3080 个人同意，920 个人不同意。由表的右面倒数第二列可了解到，全部

4000 个人中，年龄小于 40 岁和年龄在 40～59 岁之间的人各有 2000 人。而右面的最后一列告诉我们，年龄越大，越倾向于不同意。

被调查的有男的，也有女的。按性别划分，则有三向交叉分组列表 3.8。

表 3.8　按“性别”、“年龄”与“对某项措施看法”分组的三向交叉分组列表

性别	年龄	对某项措施的看法	
		同意	不同意
男	年龄＜40 岁	110	90
	年龄 40～59 岁	1260	540
女	年龄＜40 岁	1530	270
	年龄 40～59 岁	180	20

三向交叉分组列表 3.8 有上、下两张表。这是两张按性别男和女分开来看的两张表。他们分别如表 3.9 和表 3.10 所示。

表 3.9　按“年龄”与“对某项措施看法”分组的二向交叉分组列表(性别:男)

男	同意	不同意	合计	同意的比例
年龄＜40 岁	110	90	200	55%
年龄 40～59 岁	1260	540	1800	70%

表 3.10　按“年龄”与“对某项措施看法”分组的二向交叉分组列表(性别:女)

女	同意	不同意	合计	同意的比例
年龄＜40 岁	1530	270	1800	85%
年龄 40～59 岁	180	20	200	90%

分开来看，不论是男还是女都是年龄越大，越倾向于同意。合起来看和分开来看，结论不一样。这个辛普森悖论发生的原因不难理解。它有下面两个方面的原因：1) 2000 个年龄小于 40 岁的人中女性多男性少，而 2000 个年龄在 40～59 岁之间的人中女性少男性多；2)比较表 3.9 和表 3.10，我们发现女性同意的比例比男性同意的比例大。正因为这两个方面的原因，才使得合起来看，年龄小于

40 岁的人同意的比例比年龄在 40～59 岁之间的人同意的比例大。这正好与分开来看的情况相反。

合起来看时将年龄小于 40 岁的人和年龄在 40～59 岁之间的人进行比较。这两部分人的情况有差别。年龄小于 40 岁的人中女性多，而年龄在 40～59 岁之间的人中男性多。男性和女性对问题的看法常有差异。所以在合起来看，比较年龄小于 40 岁的人和年龄在 40～59 岁之间的人对某项措施的看法有没有差别时，由于有“性别”这个混杂因素的混淆，发生了辛普森悖论的现象，产生了偏差。

对这个例子，是“分开来看不论是男还是女都是年龄越大越倾向于同意”符合客观实际情况，还是“合起来看年龄越大越倾向于不同意”符合客观实际情况？都不能说，这是因为发生辛普森悖论产生偏差的根本原因在于抽样方法有缺陷。正确的抽样方法不仅要使得被调查的年轻的和年老的人数差不多，而且要使得年轻的和年老的人中男性和女性的人数都差不多。这样一来就不会让混杂因素“性别”起作用。调查数据分析倘若产生偏差，例如发生辛普森悖论，应首先检查抽样方法有没有缺陷。

§3.3　访问员与调查对象

挑选出了调查对象之后，访问员还需要对他进行调查，了解他的想法。如何实施访问，挑选什么样的访问员去访问调查对象，对调查结果的影响很大。

怎样提问

调查人们对某项措施的满意程度，可以问他：“你对这项措施满意吗？”，也可以问他：“你对这项措施不满意吗？”这两种提问方式都给被调查者一种暗示,对回答问题可能会有影响。"你对这项措施满意吗?"的问题有引导人回答"满意"的倾向,而"你对这项措施不满意吗?"的问题有引导人回答"不满意"的倾向。为了解这两种提问方式对被调查者回答问题有没有影响,曾作过一项调查,向243 人问:"你对这项措施满意吗?",另外向 240 人问:"你对这项措施不满意吗?"。调查结果如表 3.11 所示。

表 3.11　两种提问方式的比较

回答	提出的问题			
	你满意吗?		你不满意吗?	
	人数	比例/%	人数	比例/%
非常满意	139	57.20	128	53.33
比较满意	82	33.74	69	28.75
比较不满意	12	4.94	20	8.33
不满意	10	4.12	23	9.58
合计	243	100	240	99.99

表 3.11 告诉我们,问"你满意吗",回答"非常满意"和"比较满意"的比例比较大;而问"你不满意吗",则回答"比较不满意"和"不满意"的比例比较大。看来这两种提问方式对被调查者回答问题是有影响的。为此人们建议可以这样"中性"地问:"你对这项措施的看法是:[1]满意,[2]比较满意,[3]比较不满意,[4]不满意。问卷设计是抽样调查的一项重要工作。调查问卷的主体是问题。问题的设计除了避免引导性这个原则外,还有其他一些原则。读者可参阅参考文献[6]的第二章。

谁去问

不同的访问员去访问同一个调查对象,有时候调查对象对不同的访问员有不同的回答。其原因就在于调查对象有可能迎合访问员，想给访问员一个满意的答复。他所说的话不一定是他真实的想法。下面的这个例子来自参考文献[7]的第1章，它将说明访问员会影响调查对象的回答，从而影响调查结果。

第二次世界大战时，美国国家民意调查中心曾派出两组调查员向某个南方城市的500名黑人提三个问题。一组调查员全是白人，另一组全是黑人。

第一个问题是，“倘若日本征服了美国，他们对待黑人会更好些吗？”黑人调查员调查的结果是，9%的人回答“更好”。白人调查员调查的结果是，2%的人回答“更好”。看来被询问的不少黑人，明明心中感到倘若日本征服了美国他们对待黑人会更好些，但却迎合白人调查员，反过来说他们对待黑人不会更好。

第二个问题是，“倘若日本征服美国，他们对待黑人会更坏些吗？”黑人调查员的调查中，25%的黑人认为将受到更坏的待遇。而白人调查员的调查中黑人作这样回答的则有45%。与第一个问题相类似，看来被询问的不少黑人也是在迎合白人调查员。

为什么前两个问题黑人是这样回答的，为此美国国家民意调查中心设计了第三个问题，探索其中的原因。第三个问题是，“你认为目前在我国最重要的是集中力量击败由德意日三国组成的轴心国，还是改进国内的民主制度？”。在黑人调查员的调查中有39%的黑人说应集中力量击败轴心国，而在白人调查员的调查中这个比例高达62%。看来在第三个问题的回答中被询问的不少黑人仍然在迎合白人调查员。

在第二次世界大战时期，上述这三个问题都隐含着是爱国还是不爱国的提问，所以被询问的黑人迎合白人调查员那就不足为怪了。事实上，他们迎合黑人调查员也是可能的。只不过被询问的黑人迎合白人调查员的多，而迎合黑人调查员的少。由于上述这三个问题涉及人的政治态度，故被称为调查中的敏感性问题。

布拉德利效应

民意调查中所谓的"布拉德利"效应就是敏感性问题调查的一个典型例子。非洲裔美国人布拉德利曾任洛杉矶市长，他是1982年竞选加利福尼亚州州长的民主党黑人候选人。投票之前的民意调查他领先于其他的候选人，但投票结果他却落选了。他的共和党对手白人候选人最终赢得选举。其原因就是因为在对黑人候选人进行民意调查时，被询问者尤其是白人往往不敢直接表明自己内心的想法，害怕招致种族歧视的谴责而没有说真话。他们或者说还没有决定支持谁当选，或者说他们支持黑人候选人。而在真正投票时他们则把票投给了白人候选人。民意调查中所谓的"布拉德利"效应指的是美国选民中的这样一种心态：一些选民可能不愿投票给非洲裔总统候选人，但是对民调机构说了谎。布拉德利效应说明民意调查须提防其他因素例如种族因素起作用。

在抽样调查时对所谓的"布拉德利"效应绝不能掉以轻心，人们有的时候可能不说真话。例如杂志读者阅读量的上门调查，调查结果汇总分析后发现：喜欢某个品位比较高的杂志的人相当多；而喜欢某个大众化杂志的人就不多了。但由出版商提供的数据却明显地显示出相反的结果：品位比较高的那份杂志的发行量只有几十万份，而大众化的那份杂志的发行量却有好几百万份。对这个矛盾不一致现象的一个合理的解释就是，许多被调查者没有说实话，明明爱看大众化杂志却说自己喜欢阅读品位高的杂志。

他为什么不回答

很可能有些调查对象不愿意回答。我们可不可以重新再找一个对象进行调查代替这个不回答者，或干脆将不回答者从样本中去掉。倘若这样做，那很可能有了不回答偏差。必须注意的是：不回答者很可能与回答者不同。一旦有比较多的不回答者时，须谨防不回答偏差。看下面的例子（该例来自参考文献[7]的第10章）。

《芝加哥商业报，简称商业报》把调查表分发给1200家大公司。有168家公司回答了问题。在这168家公司中只有56家公司说他们的产品涨价了，在这些公司中产品涨价的公司所占的比例为56/168＝1/3。据此《商业报》说，有2/3的公司的产品没有涨价。这个统计数字可靠吗？为什么？

毕业生毕业一年后的月收入的问卷调查

在1200家大公司中只有14％（＝168/1200）的公司回答了问题，86％的公司没有回答问题。有的可能是由于一些偶然的原因，例如主管负责人正好有事外出没有回答问题，而有的可能是因为他们的产品涨价了而不吭声。可想而知，前者的公司不会太多，而后者的公司不在少数。倘若我们把没有回答问题的86％的公司从样本1200家公司中去掉，而把那些回答了问题的168家公司组成一个样本，这个样本有偏。因而《商业报》说，有2/3的公司的产品没有涨价，这个统计数字有不回答偏差，很可能过高地估计了没有涨价的公司的比例。又如某大学欲了解本校毕业生毕业一年后的月收入,则很可能有这样的情况发生,收入比较高的毕业生乐意回答问题,而不回答的很可能是那些收入比较低的毕业生。

在有调查对象不回答时,我们必须仔细分析,不回答的调查对象多不多,他们为什么不回答。是把他们去掉为好,还是再一次对他们进行调查为好。这些问题的解决在很大程度上依赖人们的经验,以及问题的实际背景。

在上面的例子中,《商业报》是邮寄问卷进行调查的。现代调查机构更喜欢采用亲自询问,或电话访谈来代替邮寄问卷。电话访谈也可能有不愿意回答问题的情况。就是亲自询问,也有不回答偏差的问题。访问员来访时,不在家的人与在家接受访问的人可能在工作时间、家庭关系和社会背景等方面有比较大的差异,从而看法也不一样。例如有一项关于快餐的市场调查。抽取500户家庭进行调查。白天访问时,有150户家庭没人。能不能仅用白天有人的350户家庭的数据?这显然是不行的。白天不在家的150户可能是吃快餐比较多的家庭。这里显然存在不回答偏差的问题。

你考试作弊吗

2008年11月英国《每日邮报》的一篇报道说:一项调查显示,剑桥大学半数学生承认曾经作弊。该大学现计划引进抄袭验证软件,以解决这个问题。剑桥大学学生报对1000多名学生发出问卷,了解他们有否抄袭、捏造统计数字或用钱请人代笔写文章。在所有各类问题中,49%受调查者承认把别人的作品当作自己的作品交上去。显然,如果剑桥大学学生报就这样直截了当地问,你考试有没有作弊,很可能有不少曾有作弊行为的人不回答问题,或撒谎说没有作弊。当问卷中有涉及个人隐私或政治态度,如有没有作弊、赌博或吸毒,甚至收入等敏感性问题时,倘若采用传统的直接询问的方法,即使访问员作出种种说明和保证,例如不记名、不留笔迹,也无济于事,被调查者很可能出于顾虑而不愿如实回答甚至拒绝回答问题,使调查结果失去真实性。为此,沃纳(Warner)于 1965 年提出用随机回答的方法,消除被调查者的顾虑。这个方法在实践中有了很大的发展,针对不同的情况,提出了各种形式的随机化回答模型。实践证明,对于敏感性问题的调查,随机化回答能使得被调查者作出真实的回答,同时又能保护个人的隐私。下面我们通过一个例子说明随机化回答的基本思想。

欲调查考试作弊(赌博或吸毒)的情况,随机化回答的问卷提出了两个问题,其中的一个问题是您考试作弊吗?这是敏感性问题。而另一个问题不是敏感性问题,并且与前一个问题毫无关系,例如您是 5 月份出生的吗?我们把这两个问题分别称为问题 A 和问题 B:

A. 您考试作弊吗?

B. 您是 5 月份出生的吗?

被调查者随机抽一个问题回答,例如背着访问员和其他人独自扔一枚均匀的硬币,若正面朝上,则回答问题 A,否则回答问题 B。由此可见,虽然访问员并不知道被调查者回答的是哪个问题,但知道回答问题 A 和 B 的人平均来说分别都占有 50%的比例。

考试作弊的比例有多大

假设有 240 人参与这项敏感性问题的调查,并且回答“是”和“不是”的人分别有 30 人和 210 人。下面我们用图 3.2 来说明如何计算考试作弊者究竟占有多大的比例。

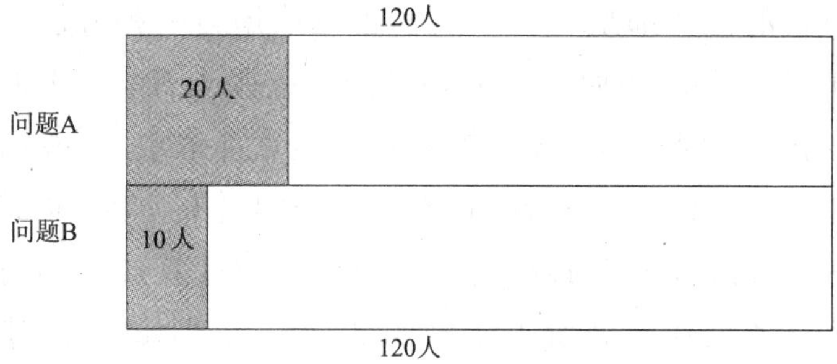

图 3.2　考试作弊有多大的比例

因为有 240 人参与调查,所以平均来说分别都有 120 人回答了问题 A 和 B。一年有 12 个月。为简单起见,这里假定在任意一个月出生的可能性,也就是概率是一样的,都是 1/12。由此看来,在 120 个回答问题 B 的人中,平均来说有 10(120 除以 12)人回答"是"。因而在 120 个回答问题 A 的人中,平均来说有 20(30 减去 10)人回答"是"。由此算得对问题 A 回答"是"的人,也就是考试作弊者所占的比例为 16.67%(20 除以 120)。

上述关于考试作弊者所占的比例的计算过程都是"平均来说"而言的,因而算得的 16.67%只能说是考试作弊者所占比例的估计值。这个估计值与考试作弊者所占比例的真值难免有误差。误差越小,我们就说这个估计值的精度越高。显然,其精度和有多少人参与调查有关。参与调查的人越多,估计值的精度就越高。如何定义估计值的精度,参与调查的人数和估计值的精度之间有怎么样的关系,这些问题统称为估计问题。它的讨论就需要用到统计的理论和方法。前面我们说了抽样调查由部分推断总体,而估计问题是统计推断中的一个重要问题。本书第五章将对估计问题作一简要介绍。

上面我们使用"扔一枚均匀的硬币"来决定究竟是回答敏感性问题 A,还是非敏感性问题 B,所以回答敏感性问题和非敏感性问题的人所占的比例都是50%。我们也可以用另一种方法让被调查者随机地抽一个问题回答。例如制作100张卡片,75张上印有问题A,25张印有问题B。被调查者独自随意抽取卡片,并回答卡片上的问题。这时回答问题A和B的人分别占有75%和25%的比例。它的计算过程和上面扔一枚均匀硬币的计算过程相类似。由图3.3算得考试作弊者所占比例的估计值为13.89%。其计算过程请读者考虑。

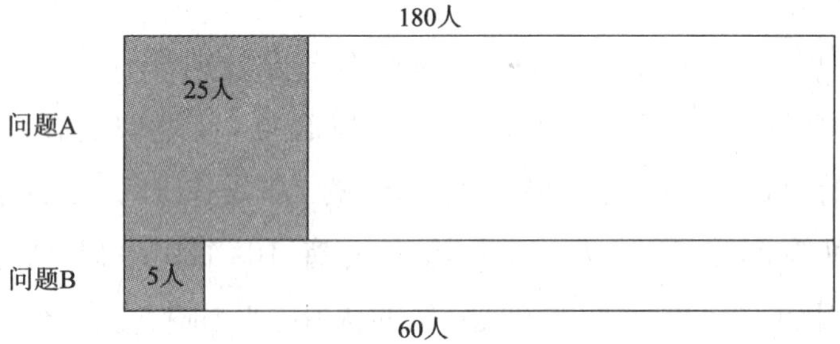

图3.3　敏感性问题调查(二)

上面我们介绍了调查数据的几种类型的偏差,以及纠正偏差的几个办法。这可以看成调查数据的质量控制与管理。在调查咨询公司一般都设有质量管理监督人员,从事数据的质量控制与管理。调查数据质量的好坏直接影响到调查咨询公司数据分析结论的可信程度。

第3章小结

• 请记住用以说明抽样调查的图3.1。理解总体、样本、样本容量、抽样等基本概念。理解抽样调查就是由样本数据推断总体的数量规律性,或简单地说由部分推断总体。

- 为使得样本能代表总体，样本容量多大为好，抽怎样的一组样本来进行调查，如何调查，以及如何由样本来推断总体等，都要用到统计理论和方法。

- 选取样本时有可能产生偏差，调查对象不回答问题时也有可能产生偏差，访问员怎样提问与什么样的访问员去提问都有可能产生偏差，敏感性问题调查会产生偏差。有了偏差的样本就不能很好地代表总体。

- 用抽签的方法进行抽样的前提是，每一个个体被抽到的机会是一样的。抽签是随机抽样法中最简单的一种形式，它也称为是简单随机抽样。

第4章　试验数据

除了观察和调查，数据还可以通过试验（又称实验）得到。最为简单的试验方法就是模拟。

§4.1　模　　拟

所谓模拟简单地说就是将某个试验重复地、相互独立地实现很多次。抛掷一枚均匀的硬币，为什么人们认为出现正面和反面的可能性（概率）都是0.5。其原因就在于硬币均匀，它的正面和反面相互对称，因而抛掷一枚均匀的硬币，出现正面和反面的可能性一样大，都等于0.5。我们也可以用模拟的方法对此进行验证。

抛掷硬币

重复地，相互独立地将一枚均匀的硬币抛掷 n 次，观察正面出

现了多少次。若以 $n_{正}$ 表示 n 次抛掷中正面出现的次数，则称

$$f_{正}=\frac{n_{正}}{n}$$

为这 n 次抛掷中正面出现的频率。可想而知，只要抛掷的次数 n 足够大，正面出现的频率 $f_{正}$ 应该与 0.5 很接近。反过来说，倘若正面出现的频率 $f_{正}$ 与 0.5 相差甚远，则我们应怀疑硬币是否均匀。这项模拟德莫根(De Morgan)、蒲丰(Buffon)、费勒(Feller)和皮尔逊(Pearson)等科学家过去都做过，他们模拟的数据见表 4.1。表的最后一列告诉我们，随着抛掷次数 n 越来越多，正面出现频率 $f_{正}$ 与 0.5 的绝对偏差越来越小，最小的只有二千分之一。

表 4.1　抛掷均匀硬币

模拟者	抛掷次数 n	正面出现次数 $n_{正}$	正面出现频率 $f_{正}$	绝对偏差 $\lvert f_{正}-0.5\rvert$
德莫根	2048	1061	0.5181	0.0181
蒲丰	4040	2048	0.5080	0.0080
费勒	10000	4979	0.4979	0.0021
皮尔逊	12000	6019	0.5016	0.0016
皮尔逊	24000	12012	0.5005	0.0005

表 4.1 的抛掷均匀硬币的试验，其实是为了论证“抛掷均匀硬币出现正面和反面的可能性是否一样大，都等于 0.5”而做的模拟。表 4.1 的这五次的模拟中正面出现的次数 $n_{正}$ 和反面出现的次数 $n_{反}$ 都不一样大。看来验证的结论似乎推翻了我们大家的共识，均匀的硬币出现正面和反面的可能性并不相等。在正面出现的次数 $n_{正}$ 和反面出现的次数 $n_{反}$ 不一样大的时候，难道我们就能够说，均匀的硬币出现正面和反面的可能性并不相等吗？下面以德莫根的模拟为例仔细分析这个问题。德莫根共抛掷了 $n=2048$ 次，正面出现的次数 $n_{正}=1061$。从而算得反面出现的次数 $n_{反}=2048-1061=$

987。虽然正面比反面出现的次数多了 74(＝1061－987)次，但这并不意味着正面比反面出现的可能性大。只有当正面比反面出现的次数多得比较多的时候，我们才能说正面比反面出现的可能性大。而这就牵涉到这样的一个问题，多 74 次是否能说多得比较多了？这个问题换一种说法，就是能否给出一个界限，仅当正面比反面出现的次数多并超过了这个界限之后我们才能说，正面出现的可能性超过了反面，否则我们不能这样说。如何判断多 74 次有没有多得比较多了？如何给出这个界限？诸如此类的这种类型的问题统称为检验问题。上一章§3.3 节我们在"考试作弊有多大比例的估计"一文中说，估计问题是统计推断的一个重要问题。除了估计问题，检验问题是统计推断中的又一个重要问题。本书第五章除了估计问题，还将对检验问题作一简要介绍。

抛掷图钉

参考文献[10]的第 2 节"Experimenting with Chance"给出了一个实验：抛掷图钉。本书下面将对这个问题进行详细的讨论。与抛掷一枚均匀的硬币相类似地，抛掷一枚图钉也有两种可能：钉尖朝下和钉尖朝上，分别见图 4.1 和图 4.2。当然抛掷一枚图钉还有可能出现另两种可能，分别见图 4.3 和图 4.4。

事实上，硬币竖立是一种不稳定状态，只要台面不粗糙，竖立的状态是不可能发生的。同样地，只要台面稍硬一些，钉住的状态也是不可能发生的。一般认为抛掷一枚图钉出现的可能只有钉尖朝

图 4.1　钉尖朝下

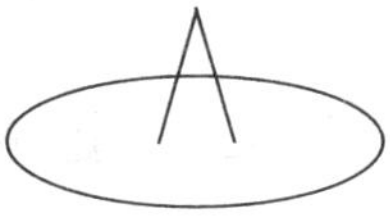
图 4.2　钉尖朝上

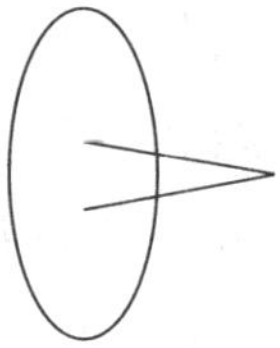
图 4.3　竖立

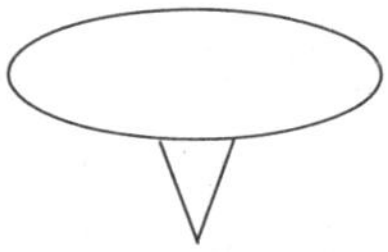
图 4.4　钉住

下(见图 4.1)和钉尖朝上(见图 4.2)这两种情况。抛掷图钉出现这两种情况的可能性是否一样大,都等于 0.5? 若不一样大,那么各有多大?

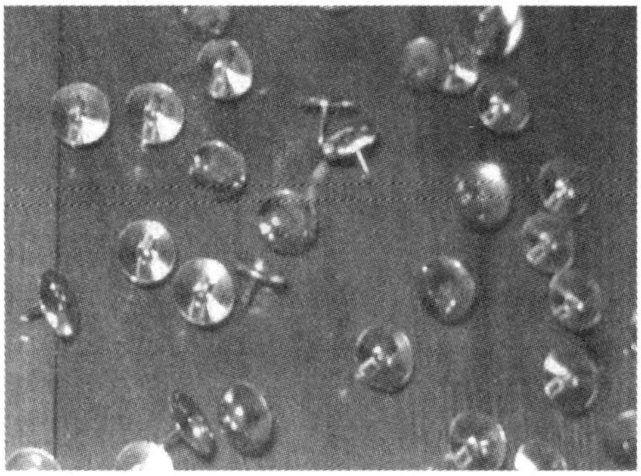
模拟:抛掷图钉

若硬币是均匀的,正面和反面相互对称,正面朝上和反面朝上的可能性一样大。而图钉是不均匀的,帽子和钉尖是不对称的,所以钉尖朝下和帽子朝下(即钉尖朝上)的可能性是不一样大的。考虑到图钉的帽子重,因而很自然地猜测钉尖朝上出现的可能性大。这个可能性的大小与制作图钉的材料、图钉帽子的尺寸和厚薄,钉尖的长短和粗细等很多因素有关。因而要精确地计算钉尖朝上(或朝下)的可能性不是一件容易的事。模拟是解决这个问题的最为简单的办法。将一把图钉抛掷很多次,计算钉尖朝上出现的频率。从而得到钉尖朝上的可能性。通过多次模拟人们发现,钉尖朝上出现的频率大致为 0.65,钉尖朝下出现的频率大致为 0.35。从而人们说抛掷一枚图钉,钉尖朝上出现的可能性为 0.65,钉尖朝下出现的可能性为 0.35。严格地说,0.65 和 0.35 只能说它们分别是钉尖朝上和钉尖朝下出现的可能性的估计值。这个估计值与真值是有误差的。误差越小,估计值的精度越高。精度与抛掷图钉的个数和次数都有关系。这些问题的讨论需要用到统计的理论和方法。

如今用得比较多的图钉如图 4.5 所示。抛掷这样的图钉出现的情况有几种，每一种的可能性多大，这个问题留待读者考虑。

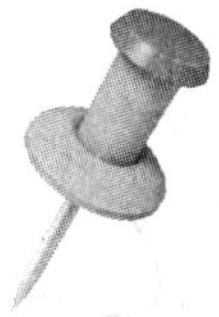

图 4.5

蒙特卡罗随机模拟(仿真)

抛掷图钉(或硬币)可能钉尖朝下，也可能钉尖朝上。在抛掷之前是不知道会出现什么样的结果。人们通常将抛掷图钉这样一种试验结果不确定的试验特称为**随机试验**，简称为试验。与此类似，人们将图钉重复且独立地抛掷多次的模拟特称为**随机模拟**，简称为模拟。模拟又称为蒙特卡罗(Monte Carlo)。蒙特卡罗是欧洲摩纳哥国(Monaco)的一个城市。它是世界闻名的赌城。赌博有输有赢，输多少赢多少事先都是不知道的。从这个意义上来讲，赌博可看成一个随机试验。赌城里的赌博有很多种类型，这么多个随机试验日夜连续地进行着。因而我们说赌城连续不断地在做很多不同类型的随机模拟。由此看来，用蒙特卡罗这个赌城的名字作为随机模拟的别称非常贴切。时至今日，人们似乎只记住蒙特卡罗是随机模拟的别称，忘了它是赌城。至此，大家可能有这样的问题，赌博既然可看成随机试验，那它看来是公平的游戏了。是游戏就有游戏规则：什么情况下庄家赢，赢多少，什么情况下庄家输，输多少。赌场中赌博游戏规则的设计都是有利于庄家的。因而人们说，赌场的庄家一本万利，他总是

赢的。大家还是远离赌博为好。

前面我们说所谓模拟简单地说就是将某个试验重复且独立地实现很多次。有的时候，很可能试验不易直接实现。此时我们可以用另一个和它等价并且容易实现的试验来代替它。因而完整地说，所谓模拟就是将某个试验，或和它等价的某个试验重复且独立地实现很多次。故模拟又称为仿真。第二次世界大战期间为制造原子弹需要研究裂变物质的中子连锁反应。著名科学家 Metropolis、Ulam 和 Von Neumann 等人并不对中子行为进行直接模拟，而是采用仿真技术，利用抽样技术、俄罗斯轮盘赌(Russian Roulette)和分裂方法模仿中子行为进行模拟。此时已发明制造出了电子计算机。他们就在计算机上进行仿真。计算机仿真既快又准确。随着计算机技术的发展，计算机仿真技术在很多方面都有着广泛的应用。参考文献[11]第八章上的案例一上海地铁车站的客流模拟，是为验证车站站厅的设计是否适合乘客流动的计算机仿真。计算机仿真技术在管理决策问题上有广泛的应用。

§4.2　对照比较

吃蛋黄会使胆固醇升高吗

2001 年 8 月 28 日《健康周报》上有一篇文章的标题是，吃蛋黄会使胆固醇升高吗。文章说，许多人认为鸡蛋黄胆固醇高，是直接造成人类发生高血压、动脉粥样硬化、冠心病及脑中风等疾病的罪魁祸首，所以很多人不敢吃鸡蛋黄。吃蛋黄会不会使得胆固醇升高？美国营养学家弗林博士对这个问题进行了专门的研究。对

116名50～60岁的男性进行了为期半年的试验。试验有以下三个步骤：

1)记录每个受试者体内胆固醇含量；

2)让这些人连续三个月食用没有任何蛋制品的饮食，再测定他们体内胆固醇含量；

3)后三个月里给每人每日膳食中加两个鸡蛋，又一次测定他们体内胆固醇含量。

研究结果表明受试者体内胆固醇含量并没有受到鸡蛋黄的影响。这一试验结果得到了世界医学界的关注。《健康周报》又进一步分析说，人体胆固醇偏高的主要原因是机体的胆固醇代谢失调，合成高于分解，而不是单纯由于所吃膳食中的胆固醇。因此，中老年人不用担心每天吃1到2个鸡蛋黄会导致胆固醇增高。

对等条件下的对照比较

这里我们不去分析这个试验结论究竟正确与否，吃蛋黄究竟会不会使胆固醇升高。我们主要对这个试验方案的可信性进行分析。这个试验方案遵循着这样一个众所周知的基本原则：

有比较才能鉴别。

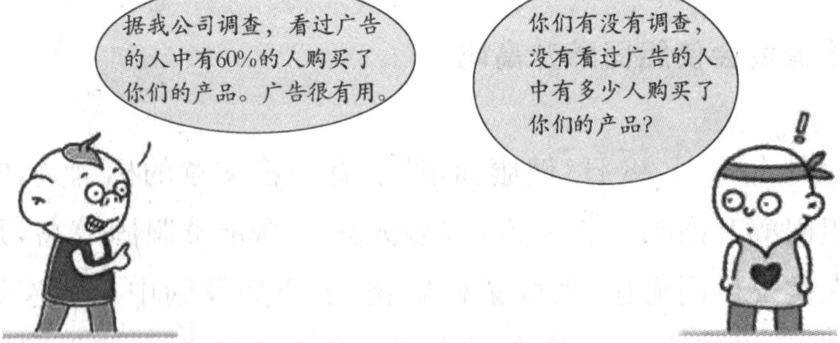

没有比较就不能鉴别

光是有人吃鸡蛋黄是得不出吃蛋黄会不会使胆固醇升高的结论的。因而试验方案中既有吃鸡蛋黄的，还有不吃鸡蛋黄的。这个试验方案还遵循着另一个众所周知的基本原则：

对等条件下的对照比较才有意义。

有两个人，一个胆固醇本来就高，一个胆固醇正常。让其中的一个人吃鸡蛋黄，另一个人不吃鸡蛋黄。这样两个人的比较显然也是得不出吃蛋黄会不会使胆固醇升高的结论的。欲做到对等条件下的比较，一般来说有以下两个处理方法。第一个处理方法是寻找两个人，他们各个方面的情况，例如胆固醇含量、体重、年龄等都是差不多的。看来这两个人最好是双胞胎，他们的遗传基因也一样。让其中的一个人吃鸡蛋黄，另一个人不吃鸡蛋黄。这样的两个人的比较就是对等条件下的比较了。第二个处理方法是同一个人，让他分别先后吃和不吃（或不吃和吃）鸡蛋黄，这样的比较当然是对等条件下的比较了。弗林博士的试验方案采用第二个处理方法。总之，弗林博士采用的是对等条件下的对照比较的试验方案。

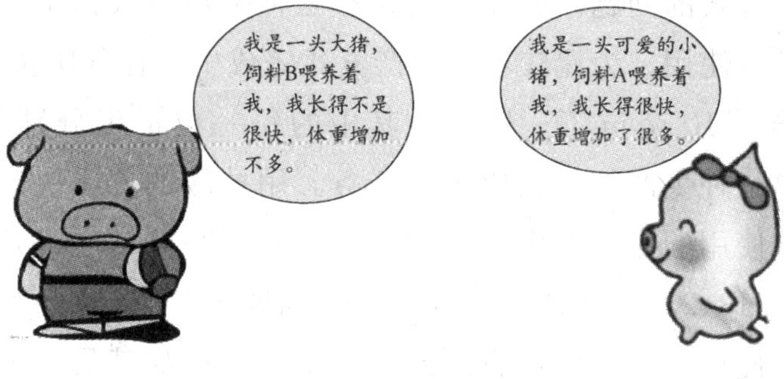

猪饲料 A 的催肥增重效果比饲料 B 好吗？

随机化对照比较

弗林博士的试验方案是 116 个人都是先不吃，然后吃鸡蛋黄。

人们很自然地对根据这样的安排得到的结论会有所怀疑，假如先吃然后不吃鸡蛋黄，结论会不会有所不同。为消除这样的疑问，可以用抽签的方法来决定次序。让受试者一个接着一个地抛掷一枚均匀的硬币。规定：若出现正面则他先不吃后吃鸡蛋黄，若出现反面则他先吃后不吃鸡蛋黄。随机化地安排次序的对照比较实验更为可信。倘若弗林博士用了抽签的方法，则我们说他采用的是随机化对照比较的试验方案。

弗林博士的试验有116人，每个人体内胆固醇含量都记录了3次。共有448(=116×3)个数据。得到这448个数历时半年。组织这116个人参与的试验，其工作量之大可想而知，还有试验的费用也是一笔不小的开支。真可以说这448个数来之不易。化了这么大的工作量和费用，倘若得到的数据不是真实可信的，那是多么可惜的一件事呀。因而为得到真实可信的数据精确科学地安排随机化对照比较的试验方案至关重要。

比较鉴别的问题各行各业都有。下面是一个生产管理中比较不同生产方式的问题。假设某公司有三种生产方式供员工执行某生产任务时使用。为比较不同生产方式完成生产任务所化的时间，公司挑选了10个员工。然后让其中的每一位员工分别用第一、第二和第三种生产方式完成生产任务。用抽签的方法决定这三种生产方式使用的先后次序，例如制作6张卡片，分别在卡片上写上123、132、213、231、312、321。员工随意抽取卡片，卡片上的数字就是该员工使用这三种生产方式的先后次序。例如某员工抽中的卡片上的数字是123，那他先用第一种，然后用第二种，最后用第三种生产方式完成生产任务。用随机化对照比较的试验方案比较不同的生产方式，其结论是可信的。整个试验共得到了30个数据。这样得到的30个数的分析需要应用多元统计分析的理论与方法，本书从略。

§4.3　随机化对照比较双盲实验

在弗林博士的试验方案中受试者知道自己和别的受试者是在吃鸡蛋黄还是不吃鸡蛋黄，这可能对受试者，至少在心理上会有所影响，可能会影响试验结果。试验最好做到每一个受试者都要“盲”，也就是都不知道自己和别的受试者是在吃鸡蛋黄还是不吃鸡蛋黄，即不知道是在吃鸡蛋黄还是在吃安慰剂。所谓安慰剂就是外形、大小和重量等和鸡蛋黄一模一样但不含任何鸡蛋黄的东西。看来弗林博士是因为要做到“盲”成本很高，所以他的试验没有做到“盲”。有的试验是没有办法做到“盲”的，例如前面所说的生产方式比较的试验我们是无法让员工不知道自己是在用哪一种生产方式完成生产任务的，没有办法做到“盲”。在有可能做到“盲”，并且费用许可的情况下，对照比较试验除了随机化外，还应尽可能做到“盲”。尤其是一些要求很高的试验，例如生命攸关的新药疗效测试的试验必须做到“盲”，而且要做到两个“盲”，即所谓的“双盲”，也就是参加新药疗效测试的人员不知道自己服用的是新药，还是安慰剂。此外对参加试验的人员进行健康检查的医生，也不知道检查对象究竟服用了什么。下面通过脊髓灰质炎疫苗实验的例子介绍随机化对照比较双盲实验。

脊髓灰质炎疫苗实验的详细介绍请见参考文献[1]的第一部分的第一节的第一篇文章，以及参考文献[5]的第一章。

脊髓灰质炎疫苗实验

脊髓灰质炎俗称小儿麻痹症。20 世纪 60 年代前，脊髓灰质炎是令人惧怕的疾病之一，严重危害着人类，尤其是儿童的健康。美国总统富兰克林·D·罗斯福年轻时就不幸染上脊髓灰质炎。在他任职期间美国开展了规模空前的根治脊髓灰质炎的研究。研究的一项重要工作就是寻找脊髓灰质炎的病因。经研究发现它是由一种病毒引起的。研究的另一项重要工作就是脊髓灰质炎的预防措施。我们知道天花也是由病毒引起的。当然，引起天花与引起脊髓灰质炎的是两种不同的病毒。既然天花可由疫苗，种牛痘来预防，因而人们很自然地想到，研制疫苗是预防脊髓灰质炎的主要工作。

20 世纪 50 年代初，美国国家小儿麻痹症防治基金会(NFIP)召开的顾问委员会会议认为，由匹茨堡大学乔纳斯·索尔克(Jonas Salk)研制的疫苗有抗体，在实验室试验中被证实不仅安全可靠，而且能在人体中产生大量抗体。但疫苗能否推广使用，还需要进行一次大规模的现场试验。1954 年美国公共卫生总署决定组织脊髓灰质炎疫苗实验。实验对象是那些最容易感染小儿麻痹症的人群，小学一、二、三年级的学生。这是一个对照比较的试验，比较接种疫苗与没有接种疫苗的儿童有没有差别，看看疫苗究竟有没有作用。关于脊髓灰质炎的现场试验提出了好几个方案。下面我们将对所提出的实验方案进行论证，对它的效果进行评价。

与过去比

第 1 个实验方案是与过去比。1954 年给大量儿童接种疫苗。考虑到 1953 年儿童并没有接种疫苗，因而若 1954 年脊髓灰质炎发病率比 1953 年明显下降，就说明疫苗有效。这个实验方案经过论证被认为是不可行的。其原因就在于脊髓灰质炎是一种流行病。流行病在每年的发病率变化很大。1930～1953 年美国脊髓灰质炎发病记录见图 4.6。

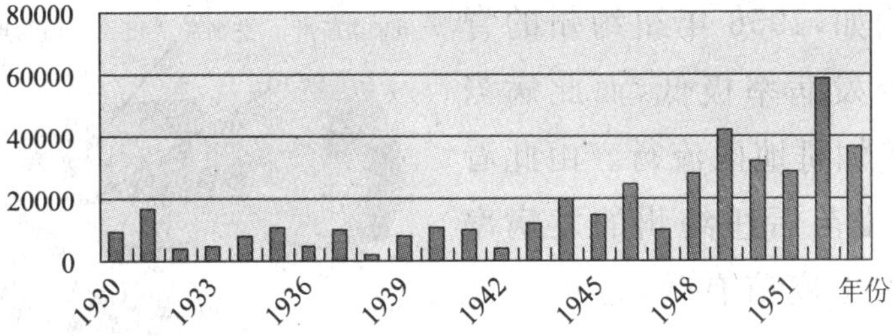

图 4.6　1930～1953 年美国脊髓灰质炎发病记录

从图 4.6 可以看到，1952 年有近 60000 个病例，而 1953 年只有不到 40000 个病例。1952 年和 1953 年儿童都没有接种疫苗，但是它们的病例数相差很大。由此看来，接种疫苗后 1954 年的低发病率可能由于疫苗有效，也可能因为当年没有流行此病。

人们是习惯与过去比的。例如在判断一种新药（或一种新的治疗方案）有没有价值的时候，人们常会在一组病人身上做试验，并将他们与过去使用原有的药（或老的治疗方案）的病人的情况相比较。对于这种类型的对照比较务必小心，因为除了服的药（或采用的治疗方案）不同之外，过去与现在很可能还有一些不同，而这些不同有可能影响到疗效。

不同的地区相比较

人们除了习惯与过去比，还习惯与不同的地区相比较。第 1 个实验方案与过去比，比较不同的年份，与此相类似地，第 2 个实验方案是比较不同的地区。给某一地区，例如纽约州的儿童接种疫苗。如果纽约州的脊髓灰质炎发病率比一个没有接种疫苗的地区，例如伊里诺斯州的发病率低，就说疫苗有效。否则就说疫苗无效。同第 1 个实验方案一样，第 2 个实验方案也被论证认为是不可行的，其理由就是脊髓灰质炎很可能在这个地区流行，而在另一个地区不流行。例如，1956 年纽约州的脊髓灰质炎发病率极低，而此病当时却在芝加哥地区流行。由此看来，接种疫苗后纽约州的发病率低可能由于疫苗有效，也可能因为纽约州当年没有流行此病。

美国地图

由于第 1 个和第 2 个实验方案都没有做到对等条件下的对照比较，所以它们都被认为是不可行的。人们不难知道这两个实验方案都不是对等条件下的对照比较，但对有的实验方案来说，要看出它的不对等性，不是一件容易的事。

由于疫苗尚处于实验阶段，它仅在实验室试验中被证实安全可靠且能产生大量抗体。大规模的现场试验的目的就是为了知道疫苗推广使用后是否仍然是安全可靠且能产生大量抗体的。由此看来，接种疫苗是有风险的。一旦疫苗有问题那就要危害儿童的身心健康。因而儿童接种疫苗，必须取得他父母的同意。

由此提出了第 3 个实验方案。

仅给取得父母同意的儿童接种疫苗

第 3 个实验方案是，首先询问家长，是否同意让你的孩子接种疫苗？然后取得父母同意的儿童接种疫苗，父母不同意的儿童不接种疫苗，将这两组儿童进行比较。通常将接种疫苗的这一组儿童称为是处理组；而将没有接种疫苗的这一组儿童称为是对照组。经过论证，这个实验方案仍然被认为不可行。其原因就是它是不对等条件下的对照比较。其不对等性难以发现，它和脊髓灰质炎是由一种病毒引起的有关。

引起脊髓灰质炎的病毒十分普遍，大多数成年人在一生的某个时期可能都曾感染过脊髓灰质炎病毒，有的发病，有的没有发病。没有发病的成年人很可能本人从来没有意识到自己感染过脊髓灰质炎病毒。感染了脊髓灰质炎病毒，不论有没有发病，自身对病毒产生了抗体，终身免疫。这就可用来解释一个奇怪的现象，脊髓灰质炎似乎“偏爱”那些卫生保健条件较好的人。人们发现居住条件较好的地段得脊髓灰质炎的人多。那些卫生条件很差的地区，婴儿刚诞生很可能就已经接触到脊髓灰质炎病毒，但母亲遗传的免疫力在保护他，使得他产生了自身的免疫力。因而居住条件差的地段得脊髓灰质炎的人比较少。一般来说，父母同意儿童接种疫苗的家庭接受教育的程度往往比较高，家境比较富裕，住在居住条件比较好的地段。而父母不同意儿童接种疫苗的家庭接受教育的程度往往比较低，家境比较贫穷，住在居住条件比较差的地段。人们发现愿意参加试验的儿童逃学次数明显的低于其他儿童。由此可见，处理组儿童的家庭与对照组儿童的家庭有显著的差异。在疫苗有效的时候这样的差异很可能使得接种疫苗的处理组儿童脊髓灰质炎的发病情况并没有明显的比没有接种疫苗的对照组儿童的发病情况好。这也就是说：

这个实验方案让取得父母同意的儿童接种疫苗，作为处理组，而让父母不同意的儿童不接种疫苗，作为对照组。则在疫苗有效的时候这个实验方案不利于人们认为疫苗有效。

因而第 3 个实验方案不是对等条件下的对照比较，它有不利于疫苗的偏差，也被认为是不可行的。

国家小儿麻痹症防治基金会的实验方案

国家小儿麻痹症防治基金会提出的第 4 个实验方案是，给所有二年级的并取得父母同意的儿童接种疫苗，而将一、三年级的儿童留作对照。这个方案有与第三个实验方案相同的不足之处，将取得父母同意的儿童放在处理组，这将使研究结果有可能在疫苗有效时认为疫苗无效，有不利于疫苗的偏差，它并不是对等条件下的对照比较。此外，这个方案还有另外两个不足之处。其中的第一个不足之处是，脊髓灰质炎是通过接触传染，二年级的发病率有可能比一或三年级的发病率高，这将使研究结果有可能在疫苗有效时认为疫苗无效，它有着不利于疫苗的偏差。也有可能二年级的发病率比一或三年级的发病率低，这将使研究结果有可能在疫苗无效时认为疫苗有效，它有着有利于疫苗的偏差。第二个不足之处是，整个实验期间都需要医生来给处理组（接种疫苗）和对照组（没有接种疫苗）的儿童进行诊断。检查参加试验的接种疫苗和没有接种疫苗儿童是否感染了脊髓灰质炎。由于难以诊断某个人是否有脊髓灰质炎的症状，所以在诊断的过程中有不少的疑难病例。由这第 4 个实验方案的设计知，医生在诊断时完全知道一、三年级的学生没有接种疫苗。而且医生在诊断二年级学生时也知道哪些接种了疫苗，哪些没有接种疫苗。一般来说，人们倾向于希望疫苗成功，因而医生有可能有这样一种意向，在诊断接种疫苗的学生时将一些疑难病例轻率地诊断为非脊髓灰质炎，而不加以深入的检查；在诊断没有接种疫苗的学生时将一些疑难病例轻率地诊断为脊髓灰质炎，同样不加以深入的检查。这样的意向有着有利于疫苗的偏差。

第 4 个实验方案尽管受到参加这项研究的许多研究机构和卫生部门的反对，但由于它已得到国家小儿麻痹症防治基金会召开的顾问委员会会议的认可，故仍被付诸实施。

脊髓灰质炎疫苗随机化对照比较双盲实验

参加这项研究的研究机构和卫生部门认为，医生必须做到“盲”，他不知道参加试验的儿童谁在处理组（接种疫苗），谁在对照组（没有接种疫苗）。同样道理，参加试验的儿童也必须做到“盲”，他不知道自己，以及别人是在处理组还是在对照组。做到这样两个“盲”的实验称为是双盲实验。双盲实验给处理组的儿童接种疫苗，给对照组的儿童接种安慰剂。安慰剂看上去和疫苗一模一样，但它没有抗体。前面我们说，接种疫苗有风险，所以儿童接种疫苗必须取得他父母的同意。

事实上儿童不接种疫苗也必须取得他父母的同意，这是因为不接种疫苗也有风险。一旦疫苗有效，则没有接种疫苗的儿童若感染了脊髓灰质炎，同样对儿童的身心健康产生危害。

由此看来，不仅儿童接种疫苗，就是儿童不接种疫苗，都必须取得他父母的同意。这也就是说，处理组和对照组的儿童都应来自父母同意参与实验的家庭。因而首先询问家长，是否同意孩子参加试验？并告诉家长，参加试验的儿童有可能接种疫苗，也有可能不接种疫苗。

接下来的问题就是，如何将这些父母同意参与实验的儿童分配到处理组或对照组。在第 3 章我们在介绍盖洛普采用的概率随机抽样方法时，曾说用人为判断的方法分组不仅不容易，而且有可能出错。最恰当的方法是随机分配。扔一枚均匀的硬币，以 50％对 50％的机会将儿童分配到处理组或对照组。随机分配的方法将使得处理组和对照组中儿童的家庭收入，儿童的健康状况、性格以及不同的兴趣爱好等情况的分布基本相同。它的对照比较具有对等条件。

参加这项研究的研究机构和卫生部门提出的第5个实验方案是随机化对照比较双盲实验。该实验的处理组和对照组都来自父母同意参与实验的儿童们。用随机分配例如抽签的方法将父母同意参与实验的儿童们分配到处理组或对照组。整个实验在双盲的情况下进行,这也就是说:不管是儿童,还是医生都不知道谁在处理组谁在对照组。随机化对照比较双盲实验也得到了实施。

综上所述,1954年美国公共卫生总署组织实施的脊髓灰质炎疫苗实验有两个方案:一个是国家小儿麻痹症防治基金会提出的上述第4个实验方案,另一个是上述第5个实验方案,即随机化对照比较双盲实验。这两个实验方案在不同的学区内实施。

随机化对照比较双盲脊髓灰质炎疫苗实验数据

前面我们说了,对等条件下的对照比较才有意义。随机化对照比较双盲方案的对照比较有对等条件,这是因为它的处理组和对照组都来自于父母同意参与实验的家庭,而且是用抽签的方法将这些儿童划分为处理组和对照组的。国家小儿麻痹症防治基金会方案的处理组来自二年级父母同意接种的家庭,对照组由所有一、三年级的学生组成,因而对照组中既有父母同意接种的儿童,也有父母不同意接种的儿童,所以它的对照比较没有对等条件。由此看来,随机化对照比较双盲方案可更有说服力地论证疫苗是否有效。

脊髓灰质炎疫苗的随机化对照比较双盲方案实验数据的汇总见表4.2。

除了表4.2中所列的汇总数据之外,根据统计在没有接种的338778个儿童中包括有过1次或2次安慰剂接种的8571名儿童。所以共有200745(接种疫苗)+201229(接种安慰剂)+8571(有过1次或2次安慰剂接种)+8484(不完全疫苗接种者)=419029名儿

表 4.2 随机化对照比较双盲方案的实验数据

			接种疫苗	接种安慰剂	没有接种	不完全疫苗接种者	总数
参加试验人数			200745	201229	338778	8484	749236
病例总数		个数	82	162	182	2	428
		比例	40.8	80.5	53.7	23.6	57.1
脊髓灰质炎病例	总　数	个数	57	142	157	2	358
		比例	28.4	70.6	46.3	23.6	47.8
	麻痹性脊髓灰质炎病例	个数	33	115	121	1	270
		比例	16.4	57.1	35.7	11.8	36.0
	非麻痹性脊髓灰质炎病例	个数	24	27	36	1	88
		比例	12.0	13.4	10.6	11.8	11.7
	致命性脊髓灰质炎病例	个数	—	4	—	—	4
		比例	—	2.0	—	—	0.5
非脊髓灰质炎病例		个数	25	20	25	—	70
		比例	12.5	9.9	7.4	—	9.3

童的父母同意接种，749236（总数）－419029（父母同意接种）＝330207 名儿童的父母不同意接种。

419029 名父母同意接种的儿童中，随机分配 200745（接种疫苗）＋8484（中途退出处理组）＝209229 名儿童去处理组，201229（接种安慰剂）＋8571（中途退出对照组）＝209800 名儿童去对照组。

疫苗是否有效

为说明疫苗是否有效需要对表 4.2 中“接种疫苗”和“接种安慰剂”这两列数据进行比较。显然，其中最能说明疫苗是否有效的是，有方框围住的两个数：28.4 和 70.6，他们分别是处理组和对照组儿童中脊髓灰质炎的10万人中的得病比例。还有一个数也值得注意,那就是用方框围住的另一个数:46.3,它是父母不同意参与实验的儿童,也就是既没有接种疫苗,也没有接种安慰剂的儿童中脊髓灰质炎的10万人中的得病比例。我们将这三个数,以及和他们的计算有关的一些数从表4.2中抽取出来,从而得表4.3。

表4.3 随机化对照比较双盲方案

		人数	脊髓灰质炎病例数	10万人的得病比例
父母同意参与实验的儿童	处理组:接种疫苗	200745	57	28.4
	对照组:接种安慰剂	201229	142	70.6
父母不同意参与实验的儿童,没有接种		338778	157	46.3

表4.3第3行是对照组的儿童,他们接种安慰剂,没有接种疫苗。第4行是父母不同意参与实验的儿童,他们也没有接种疫苗。虽然他们都没有接种疫苗,但第3行10万人的得病比例70.6为什么比第4行10万人的得病比例46.3高。这其中的原因就在于第3行上对照组的儿童来自于父母同意接种的家庭,他们的家境往往比较富裕,容易感染脊髓灰质炎。而第4行是父母不同意参与实验的儿童,他们的家境大多数比较贫穷,不容易感染脊髓灰质炎。而这就是第3行的10万人的得病比例70.6比第4行的10万人的得病比例46.3大的缘故。由此看来,为论证疫苗是否有效,需将表4.3第2和第3行上的数据进行比较,这是因为他们都来自于父母同意参与实验的家庭,而且是用抽签的方法将这些儿童划分为处理组和对照组的。

论证疫苗是否有效的问题,以及前面本章§4.1节抛掷硬币一文所说的,论证“均匀硬币正面和反面出现的可能性是否一样大,都等于0.5”的问题,诸如此类的这种形式的问题统称为检验问题。表4.3第2行是处理组的儿童,他们接种疫苗。第3行是对照组的儿童,他们接种安慰剂,没有接种疫苗。第3行对照组10万人的得病比例70.6比第2行处理组10万人的得病比例28.4高。显然,我们不能就此立即就说疫苗有效。只有在对照组的得病比例比处理组的得病比例高得比较多的时候,我们才能说,经过这项脊髓灰质炎的随机化对照比较双盲实验的论证,疫苗确实有效。而这就牵涉到这样的一个问题,对照组的得病比例比处理组的得病比例高十万分之42.2(=70.6-28.4),这能否算高得比较多了?可能大家会说

$$十万分之42.2=0.000422$$

这是一个非常小的数,看来对照组的得病比例并没有比处理组的得病比例高多少。判断一个数的大小,不论你有意还是无意,人们的心目中都有一个参照物,因而不能仅看这个数的数值,还要看他的相对大小(位置)。例如某人身高182cm,他在我们中国肯定是长得高,这是因为在中国比182cm还要高的人很少,身高182cm的人的相对位置很高。但在某些国家例如荷兰,由于荷兰人的平均身高达到182.5cm,所以在荷兰有一半多的人比182cm高,身高182cm的人的相对位置居中偏下一点,他的身高在荷兰顶多算是一般性。由此可见,对照组的得病比例比处理组的得病比例高十万分之42.2是否能说是高得比较多,关键是看对照组的得病比例减去处理组的得病比例,其差超过十万分之42.2的可能性有多大。脊髓灰质炎疫苗是否有效问题的进一步的简要的讨论见第5章§5.2节。经计算,对照组的得病比例比处理组的得病比例高十万分之42.2,的确能说是高得很多的,论证证实:疫苗是有效的。

在推广应用这个疫苗的过程中研制出新的比他更好的疫苗。经1954年的大规模的现场试验检验论证有效的疫苗早就被更有效、更安全的新的疫苗所替换。如今人类已比较彻底地消除了脊髓灰质炎的病痛。1954年的大规模的现场试验除了检验论证疫苗有效之外,更重要的是它充分地论证了随机化的作用,安慰剂的作用,

除了看一个数的数值，还要看他的相对大小

论证了随机化对照比较双盲实验是可靠有效的。

有些医药实验需要跟踪观察一段时间例如好多年。医药跟踪实验往往会发生这样的情况，一些试验者中途失踪，或他不愿意继续实验。本章复习题的第 2 和第 3 题是有失踪试验者的医药跟踪实验数据的统计分析问题，这两个问题关心的是死亡率。如果关心的是例如能存活多长的时间，则他的医药跟踪实验数据的统计分析是相当复杂的。其原因就在于，有的试验者在跟踪期间死亡，则得到了他存活多长的时间的确切数据，但有的试验者有可能直到跟踪结束还没有死亡，我们仅知道他存活的时间比跟踪的时间长，但并不知道他何时死亡，这类数据通常称为是截尾数据。倘若有的试验者在跟踪期间失踪了，这就有了所谓的删失数据。由于在分析能存活多长时间时有截尾和删失数据，所以存活时间的问题远比本章复习题的这两个死亡率的问题困难得多。

对照比较实验数据分析的辛普森悖论

由于实验设计方法上的缺陷，实验数据的分析有可能产生偏差,例如发生辛普森悖论。看下面的例子。

在某种新药疗效测试实验中,把新药分给处理组的病人,把其他病人作为对照组,对照组的病人不接受新药的治疗。然后比较这两个组的反应。整个实验是在双盲的情况下实施的。这也就是说,不管是病人,还是医生,都不知道谁在处理组,谁在对照组。接受新药治疗的处理组有 100 个病人,其中有 32 个病人得到康复。对照组也有 100 个病人,他们接受安慰剂的治疗。服用安慰剂的对照组中有 25 个病人得到康复。实验结果如表 4.4 所示。

表 4.4 新药疗效实验数据

	未康复	康复	康复的比例/%
处理组	68	32	32
对照组	75	25	25

接受新药治疗的病人康复的比例大于没有接受新药治疗的病人。据此,能不能说新药有效?对整个实验过程仔细审视后,我们发现参加该实验的病人中有男有女。一般来说,男性和女性得病之后康复的情况常有差异。为此,将实验结果再按性别区分,得到三向交叉分组列表 4.5。

表 4.5 新药疗效实验数据(三向交叉分组列表)

		未康复	康复	康复的比例/%
男	处理组	18	2	10
男	对照组	65	15	18.75
女	处理组	50	30	37.5
女	对照组	10	10	50

无论是男病人,还是女病人,接受新药治疗的病人康复的比例都小于没有接受新药治疗的病人。对男病人和女病人来说,新药都是无效的。合起来看和分开来看,结论不一样,辛普森悖论发生,其中

的混杂因素是“性别”。就这个例子而言，性别之所以起混杂作用，根本原因在于新药疗效实验方案的设计有缺陷。因而我们既不能合起来认为新药是有效的，也不能分开来认为不论是男还是女新药都是无效的。新药疗效实验必须做到双盲和随机分组。这个实验没有做到随机分组，以致于男病人在对照组多，在处理组少。而女病人在对照组少，在处理组多。所谓随机分组就是以50%对50%的机会，例如扔一枚硬币，把男病人(或女病人)分配到处理组，或对照组。随机分组将使得处理组中的男、女病人分别和对照组中的男、女病人差不多一样多。新药疗效实验不仅要做到双盲，还要做到随机分组，使得混杂因素例如“性别”不起作用。实验数据分析倘若产生偏差，例如发生辛普森悖论，应首先检查实验方案的设计有没有缺陷。

§4.4 试验设计

对照比较实验可看成单因子的2个水平的试验设计问题，例如脊髓灰质炎疫苗的随机化对照比较双盲实验中只考察一个因子：疫苗。疫苗仅取2个水平：接种疫苗与没有接种疫苗(即接种安慰剂)。实验的目的就是为了比较这2个水平有没有差异，接种疫苗之后是不是有利于脊髓灰质炎的预防。在这个试验设计问题中，通过医生诊断就可了解疫苗的疗效和人的健康状况，因而大规模的现场试验是可行的。但对很多试验设计问题来说，难以做到大规模的现场试验，看下面的例子。

怎样提高化工产品的产量

工农业生产往往需要寻求最佳工艺。而多个因子多个水平的试验设计是探索因子的数量规律性，寻找最佳生产条件的一个重要方法。例如某化工厂经研究分析发现某种产品的产量与化学反应的温度、时间和催化剂的用量这三个因子有关，且可考虑这三个因子都取 3 个水平。化学反应的温度的 3 个水平为 60℃、70℃ 和 80℃，化学反应的时间的 3 个水平为 1 小时、1.5 小时和 2 小时，催化剂的用量的 3 个水平为 2 公斤、2.5 公斤和 3 公斤。这是三个因子，每个因子都取 3 个水平的试验设计问题。在这个试验设计问题中我们最关心的是某化工产品的产量，也就是当化学反应的温度、时间和催化剂的用量这三个因子取各种不同水平的组合时产品的产量为多少。某化工产品的产量，这个人们最关心的衡量试验结果好坏的指标称为响应变量，或目标值。对这个试验设计问题而言，掌控现场试验的难度大，时间长，成本又非常高，不仅大规模的现场试验是不可取的，而且即使各种不同水平的每个组合只作一次试验也可能多到实际生产难以承受的地步。为此人们仔细地考虑，只对不同水平的某些组合上做一次试验，但又能解决问题。这也就是说，仅在精确地选取的某些组合上做试验，我们就能对每一个因子的各个水平的重要性进行比较，探索分析因子之间的相互关联性，从而找到诸因子的最优水平组合。究竟在哪一些组合上做试验，这需要用到统计的理论和方法。上述这个三个因子每个因子都取 3 个水平的试验设计问题，我们可以考虑采用 3×3 拉丁方设计方案。

拉丁方设计

这个化工产品产量的三个因子每个因子都取 3 个水平的拉丁方试验设计方案见表 4.6，其中的 A、B 和 C 分别表示催化剂的用量的 3 个水平：2 公斤、2.5 公斤和 3 公斤。

表 4.6　3×3 拉丁方设计方案

化学反应的时间	化学反应的温度		
	60℃	70℃	80℃
1 小时	A	B	C
1.5 小时	B	C	A
2 小时	C	A	B

如果各种不同水平的每个组合上都做一次试验，则共需要做 $3^3=27$ 次试验。这样的试验设计方案称为是完全的。而表 4.6 的 3×3 拉丁方设计方案仅需要做 9 次试验：

(60℃，1 小时，A)，(70℃，1 小时，B)，(80℃，1 小时，C)，(60℃，1.5 小时，B)，(70℃，1.5 小时，C)，(80℃，1.5 小时，A)，(60℃，2 小时，C)，(70℃，2 小时，A)，(80℃，2 小时，B)。

3×3 拉丁方设计方案是不完全的。它比完全的试验设计方案少做了 18 次试验，省去了很多的试验时间、节约了大量的资金。

图 4.7 是三个因子，每个因子都取 3 个水平的试验设计方案的图表示，其中 X 轴、Y 轴和 Z 轴分别表示第一个因子(化学反应温度)、第二个因子(化学反应时间)和第三个因子(催化剂用量)，各个因子的 3 个水平皆分别依次记为 1、2 和 3。图 4.7 中大的●的 9 个点代表不完全的 3×3 拉丁方设计方案所做的 9 次试验。大的●的点与小的•的点合在一起共有 27 个点，代表完全的试验设计方案所做的 27 次试验。小的•的 18 个点就是 3×3 拉丁方设计方案比完全的试验设计方案少做的 18 次试验。

图 4.7 的前后、上下和左右各有 3 个面，每个面上都有 6 条边。观察发现，每个面上都有 3×3 拉丁方设计的 3 个试验点●，且每条边上都有且仅有 1 个试验点●。总之，这 9 个试验点●在空间均衡地分布着。这样均衡安排的试验有一个非常好的性质，每一个因子的每一个水平都参与了 3 次试验，并且它和其他任意一个因子的任

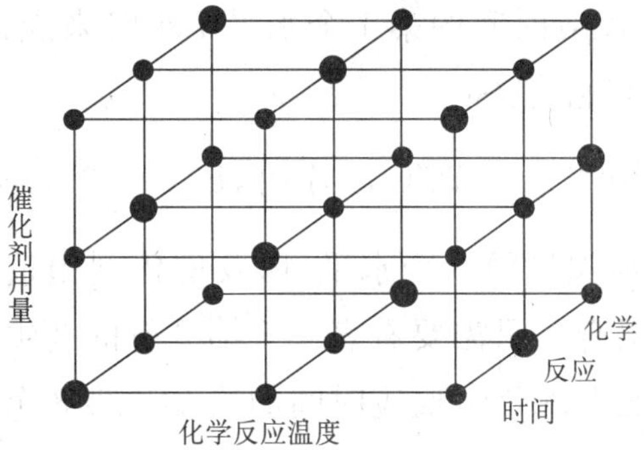

图 4.7　三个因子每个因子都取 3 个水平的试验设计方案的图表示

意一个水平都有且仅有一次组合。

拉丁方设计的一个非常好的性质

拉丁方设计方案有一个非常好的性质:每一个因子的每一个水平都参与了同样次数的试验,并且它和其他任意一个因子的任意一个水平都有,且仅有一次组合。

下面以 3×3 拉丁方设计为例,具体验证这个性质。例如对化学反应温度的第 1 个水平 60℃来说,我们发现 3×3 拉丁方设计方案中,仅有表 4.6 第 1 列的 3 组试验与 60℃有关:

(60℃,1 小时,A),(60℃,1.5 小时,B),(60℃,2 小时,C)

在这 3 组试验中,60℃与化学反应时间的 3 个水平,以及催化剂用量的 3 个水平都有,且仅有一次组合。同样地,表 4.6 第 2 列的 3 组试验告诉我们,化学反应温度的第 2 个水平 70℃与化学反应时间的 3 个水平,以及催化剂用量的 3 个水平也都有,且仅有一次组合;表 4.6 第 3 列的 3 组试验告诉我们,化学反应温度的第 3 个水平 80℃与化学反应时间的 3 个水平,以及催化剂用量的 3 个水平也都有,且仅有一次组合。

又如对化学反应时间的第1个水平1小时来说，仅有表4.6第1行的3组试验与它有关：

(60℃,1小时,A),(70℃,1小时,B),(80℃,1小时,C)

1小时与化学反应温度的3个水平，以及催化剂用量的3个水平都有，且仅有一次组合。只需要看表4.6第2行的3组试验与第3行的3组试验，就能发现化学反应时间的第2和第3个水平1.5小时和2小时，也分别都与化学反应温度的3个水平，以及催化剂用量的3个水平有且仅有一次组合。

不难找到表4.6中与催化剂的用量的第1个水平A(2公斤)有关的3组试验：

(60℃,1小时,A),(80℃,1.5小时,A),(70℃,2小时,A)

A与化学反应温度的3个水平，以及化学反应时间的3个水平都有，且仅有一次组合。催化剂的用量的第2个水平B(2.5公斤)，以及第3个水平C(3公斤)也都参与了3次试验，且都与化学反应温度的3个水平，以及化学反应时间的3个水平有且仅有一次组合。

正因为3×3拉丁方设计方案中每一个因子的每一个水平都参与了3次试验，并且它和其他任意一个因子的任意一个水平都有且仅有过一次组合，下面给出的寻找因子的最优水平的方法就是对等条件下的对照比较。这个方法很是直观。我们结合一个数值例子讲述这个方法。

试验数据的直观分析法

为方便计算通常将拉丁方设计试验的观察值记录在拉丁方设计中，例如将这个化工产品的拉丁方设计的9组试验的观察值记录在表 4.6 的 3×3 拉丁方设计方案中，见表 4.7。左上角方格中的 $A=24$ 意思是在(60℃，1 小时，A)的试验方案下的观察值，化工产品产量为 24。其余的依此类推。最下面一行上的 74、58 和 85 分别是每一列的 3 个观察值的和，而最右边一列上的 63、83 和 71 分别是每一行的 3 个观察值的和。

表 4.7 3×3 拉丁方设计方案与试验观察值

化学反应的时间	化学反应的温度			合计
	60℃	70℃	80℃	
1 小时	$A=24$	$B=20$	$C=19$	63
1.5 小时	$B=28$	$C=21$	$A=34$	83
2 小时	$C=22$	$A=17$	$B=32$	71
合计	74	58	85	

看表 4.7 第 1 行上的 3 个观察值：$A=24$、$B=20$ 和 $C=19$。它们分别是化学反应温度取 60℃、70℃ 和 80℃ 时的观察值。由于 $A=24$ 最大，我们能否就此说 60℃是最佳化学反应的温度？这是不行的，因为这样的对照比较没有对等条件。其原因就在于 $A=24$、$B=20$ 和 $C=19$ 分别是(60℃，1 小时，A)、(70℃，1 小时，B)和(80℃，1 小时，C)的试验方案下的观察值。它们的催化剂的用量不一样多，所以根据第 1 行上 3 个观察值的大小比较化学反应温度的 3 个水平：60℃、70℃和 80℃的优劣没有对等条件。

看表 4.7 最下面一行上的 3 个数：74、58 和 85。它们分别是化学反应的温度取 60℃、70℃ 和 80℃ 时的 3 组试验的观察值的和。由于 85 最大，我们就能说它所对应的 80℃是最佳化学反应温度，其原因就在于这样的对照比较有对等条件。

• 74 是化学反应的温度取60℃时的下列 3 组试验的观察值的和：

(60℃,1 小时,A),(60℃,1.5 小时,B),(60℃,2 小时,C) (4.1)

这里面除了 3 个 60℃,还有化学反应时间的 3 个水平,以及催化剂用量的 3 个水平各 1 个。

• 58 是化学反应的温度取 70℃时的下列 3 组试验的观察值的和:

(70℃,1 小时,B),(70℃,1.5 小时,C),(70℃,2 小时,A) (4.2)

这里面除了 3 个 70℃,还有化学反应时间的 3 个水平,以及催化剂用量的 3 个水平各 1 个。

• 85 是化学反应的温度取 80℃时的下列 3 组试验的观察值的和:

(80℃,1 小时,C),(80℃,1.5 小时,A),(80℃,2 小时,B) (4.3)

这里面除了 3 个 80℃,还有化学反应时间的 3 个水平,以及催化剂用量的 3 个水平各 1 个。

由此可见,根据 74、58 和 85 这 3 个数的大小比较化学反应温度的 3 个水平:60℃、70℃和 80℃的优劣有对等条件。为什么这样的比较有对等条件,其根本原因就在于拉丁方设计方案有这样一个非常好的性质:每一个因子的每一个水平参与了同样次数的试验,并且它和其他任意一个因子的任意一个水平都有,且仅有一次组合。正因为拉丁方设计方案有这样一个性质,表 4.7 最右边的一列上的 3 个数 63、83 和 71 的最大值 83 所对应的 1.5 小时就是最佳化学反应时间。

看表 4.7 最下面一行上的 3 个数,以及看最右边的一列上的 3 个数我们就能分别找到最佳化学反应温度与时间,很是简单。而寻找最佳催化剂用量的过程也很简单,只需将拉丁方设计方案表 4.7 中的 3 个 A、3 个 B 和 3 个 C 的观察值分别相加,就能寻找到最佳催化剂用量：

3 个 A 的观察值相加：24＋34＋17＝75；

3 个 B 的观察值相加：20＋28＋32＝80；

3 个 C 的观察值相加：19＋21＋22＝62。

最大值 80 所对应的 B(2.5 公斤)就是最佳催化剂用量。至此，我们所找到的最优水平组合为(80℃，1.5 小时，2.5 公斤)。这个最优水平组合并不包括在 3×3 拉丁方设计方案(见表 4.6)的 9 个试验方案之中，它还没有做过试验。

上述寻找因子最优水平组合的方法直观简单。但必须指出的是，由这个粗浅的直观方法找到的因子的最优水平组合是否的确是最优的还有不少问题有待深入讨论，也就是需要进一步讨论本章前面两节所说的检验问题。对于拉丁方试验设计而言，人们通常讨论的检验问题是，因子的这几个水平的效用有没有差异。例如化学反应温度这个因子有 3 个水平：60℃、70℃和 80℃。这 3 个温度对于化工产品产量的效用有没有差异。这也就是说，基于表 4.7 的 3×3 拉丁方设计方案的试验观察值，74、58 和 85 这 3 个数的差异程度能否足以说明这 3 个化学反应温度 60℃、70℃和 80℃对于化工产品产量的效用是不相同的。解决拉丁方试验设计的检验问题需要用到比较多的统计理论和方法，本书从略。

所找到的因子最优水平组合是不是最优的，更重要的是需要继续做试验或实践验证。例如这个化工产品的拉丁方设计，我们找到的最优水平组合既然还没有做过试验，那就更需要采用这个试验方案做实验，通过实践验证它究竟是不是最佳的。

交互作用

必须指出的是，拉丁方设计方案要求因子之间互不关联，即没有交互作用。看(4.1)式、(4.2)式和(4.3)式，60℃时的3组试验中，化学反应时间1小时和催化剂用量A(2公斤)组合在一起，70℃时的3组试验中，化学反应时间1小时和催化剂用量B(2.5公斤)组合在一起，80℃时的3组试验中，化学反应时间1小时和催化剂用量C(3公斤)组合在一起。若希望看最下面一行上的3个数就能找到最佳化学反应温度，那就必须要求化学反应时间1小时不论和哪一个催化剂用量组合在一起，它对于化工产品产量的效用是一样大的。这也就是说，要求化学反应时间和催化剂用量之间没有交互作用。倘若有交互作用，则根据表4.7最下面一行上的3个数寻找最佳化学反应温度的方法就不是对等条件下的对照比较。

交互作用不难理解。例如有两种药物A和B。药物A单独服用与药物A和B一起服用，药物A对疾病的治疗效果是不是一样的？又如药物B可以小剂量服用，也可以大剂量服用。那么药物A和小剂量B一起服用与A和大剂量B一起服用，药物A对疾病的治疗效果是不是一样的？倘若不一样，则说药物A和B有交互作用。可想而知，药物之间有没有交互作用的研究非常重要。因子之间有交互作用时的试验设计问题比较复杂，本书从略。

拉丁方设计方案公平均衡地对待每一个因子的每一个水平，它使得每一个因子的每一个水平参与同样次数的试验，并且它和其他任意一个因子的任意一个水平有且仅有一次组合。表4.8是2×2、3×3和4×4几个拉丁方的例子。

表 4.8　拉丁方

2×2	3×3	4×4
A B B A	A B C C A B B C A	A B C D D A B C C D A B B C D A

拉丁方的试验方案都是正方形排列的，试验方案用拉丁字母 A、B、C 和 D 等表示。正因为如此，人们就称这样的设计为拉丁方设计。拉丁方设计的排列并不一定如上面所给出的情况。本章复习题四第 4 题是三个因子每个因子都取 4 个水平的 4×4 拉丁方设计的另一种排列方法。

拉丁方设计的内容非常丰富。除拉丁方设计外，试验设计的内容还包括正交设计、参数设计、不完全区组设计、回归设计和均匀设计等。对试验设计问题有兴趣的读者可参阅参考文献[12]、[13]、[14]和[15]。

在第 2 章我们说统计能做两件事：一是收集数据，二是分析数据。第 2 章、第 3 章和第 4 章我们分别介绍了收集数据的观察、调查和试验这几种方法。至于分析数据的理论和方法的简要介绍请见本书第 5 和第 6 章。

在结束本章之前，我们来回答第 1 章提出的问题，究竟什么叫统计，统计该如何定义。

统计学是研究不确定性现象数量规律性的方法论的科学。

统计学的研究对象是不确定性现象，又称随机现象。所谓不确定性现象就是，不是只有一个结果的现象。不确定性现象也有规律性，例如不确定性现象某个结果发生的可能性的大小可以度量，也有规律可循。各行各业的管理人员经常需要在不确定的情况下做出决策。结果的不确定性，使得管理者在做决策时感到困难。也正因为统计研究不确定性现象的数量规律性，所以它对所考虑的问题作出的统计推断，将为管理者采取何种决策提供依据和建议。由此可见，统计是一门方法论的科学。既然是方法论科学，因而它的应用范围非常广，涉及各行各业。难怪有人说，如同读写能力，统计是现代社会人应具有的素质之一。

第4章小结

• 统计学是研究不确定性现象数量规律性的方法论的科学。如同读写能力，统计是现代社会人应具有的素质之一。

• 模拟又称为蒙特卡罗，就是将某个试验重复地，相互独立地实现很多次。

• 随机化对照比较，随机化对照比较双盲实验。

• 理解拉丁方设计方案表 4.6 和表 4.7，以及寻找因子最佳水平的直观方法。

第5章　统计推断

人们经常需要在不确定的情况下做出决策。正因为结果的不确定性，使得决策有风险。统计对所考虑的问题作出的统计推断，将对采取何种决策提供依据和建议。虽然统计推断不可能完全避免风险，但它可以控制风险。本章将介绍统计推断的含义，简要介绍统计推断中的估计与检验问题，看看在估计与检验问题中我们是如何控制风险的。

§5.1　估　　计

例5.1(摘自1994年4月28日新民晚报)《今日美国报》和美国有线电视新闻网(CNN)27日公布一项民意测验调查结果：克林顿政府外交政策支持率为39%，经济政策支持率为42%。民意调查于4月22日至24日在1015人中进行，其误差在3%之内。

第3章我们用图3.1来解释抽样调查。它也可用来解释例 5.1,见图 5.1。图 5.1 的总体是全部美国 2 亿 5000 多万成年人。我们欲了解总体中克林顿政府外交政策和经济政策支持率是多少。为此从总体抽取样本,样本有 1015 人。经统计,在样本 1015 人中有 39%的人支持克林顿政府的外交政策,有 42%的人支持克林顿政府的经济政策。然后回过头来推断总体:在全部美国 2 亿 5000 多万人中克林顿政府外交政策支持率为 39%,经济政策支持率为 42%,误差在 3%之内。

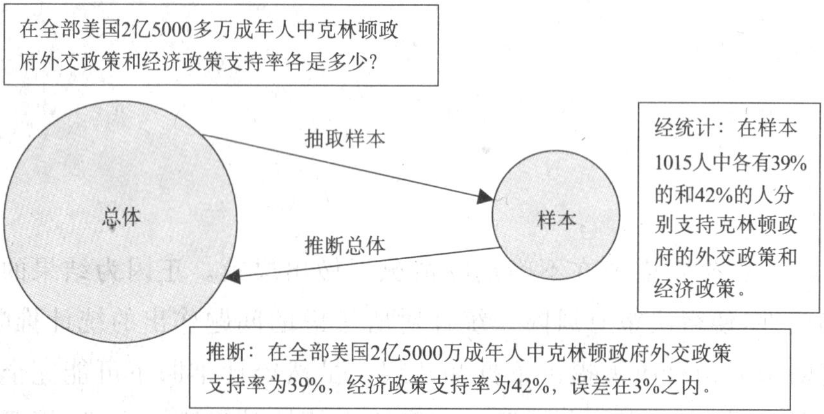

图 5.1　克林顿政府外交政策和经济政策支持率有多大

不确定性现象——统计学的研究对象

第 4 章末了我们将统计定义为统计学是研究不确定性现象数量规律性的方法论的科学。由此可见,统计学的研究对象是不确定性现象。那么例 5.1 的不确定性在什么地方?这个不确定性体现在,调查的 1015 人是从全部美国 2 亿 5000 多万人中随机抽取的。正因为是随机抽取的,所以取到的 1015 人是不确定的。因而根据抽取到的 1015 人计算得到的克林顿政府外交政策支持率和经济政策支持率也有不确定性。所谓不确定性现象就是,不是只有一个结果的现象。根据这一次抽取到的1015人计算得到的克林顿政府外交政策支持率为39%和经济政策支持率为42%仅是不确定性现象的一个观察结果。由于我们是根据统计的理论和方法，抽取了足够多的1015人的样本，并且样本是随机抽取的，计算正确，推断有依据，因而作为不确定性现象的一个观察结果，39%与42%的可信程度却是不低的。下面对这个观察结果的可信程度一步步地进行详细的讨论。

克林顿政府外交和经济政策支持率的民意抽样调查

为知道美国民众对克林顿政府外交和经济政策的支持率各是多少，如果对每一个美国人都作调查，调查他究竟是支持还是反对克林顿政府的外交、经济政策，这要耗费大量的时间、人力和物力。现从全体美国人中随机抽取1015人进行调查，看看这1015人中分别有多少人支持克林顿政府的外交和经济政策。由于只抽样调查1015人，仅用2到3天时间就调查完毕。调查结果：这1015人中支持克林顿政府外交和经济政策的人所占的比例分别为39%和45%。基于统计的理论和方法，我们作出的统计推断，正如1994年4月28日新民晚报说的，就是下面的三句话：(全体美国人中)

克林顿政府外交政策的支持率为39%；

克林顿政府经济政策的支持率为42%；

他们的误差在3%之内。

考虑到报纸是给大众看的，新民晚报上所说的统计推断的这三句话大家都能看得懂。虽然它不太符合统计术语的规范，但情有可原。按统计的术语，下面将这三句话作一些适当的修改。

第一句和第二句话应分别修改为：

克林顿政府外交政策的支持率的估计为39%；

克林顿政府经济政策的支持率的估计为42%。

要知道1994年美国有2亿5000多万人口，仅根据1015人的调查结果就说全体美国人中外交和经济政策的精确的支持率为多少，这是不可能的。我们只能说，我们估计它大概是多少。也正因为如此，这种类型的统计推断问题就称为是估计问题。正因为是估计，难免有误差。误差越大，这个估计的风险就越大。我们不可能得到风险消失没有误差的估计，我们仅仅能做的就是控制误差。在本例当中，观察结果的可信性体现在将误差控制在3%之内。

抽样调查的可信性

可能大家会说，估计问题看来不难。的确，前两句话人人都会说，难的是第三句话。第三句话说抽样误差在3%之内。我们以外交政策的支持率为例解释第三句话的含义。第三句话说的是外交政策支持率的估计为39%±3%。这也就是说我们把克林顿政府外交政策的支持率估计在36%和42%之间。通常称39%±3%，即(36%,42%)为区间估计。这个区间估计的长度为6%，是误差的两倍。

至此，可能大家会提出这样的问题，全体美国人中外交政策的支持率是否一定在36%和42%之间。事实上，我们不能说一定在36%和42%之间，而只能说在36%和42%之间的概率(可能性)很大。对本例来说，由于调查的人数为1015人，并且这1015人是按照科学的方法，例如用随机抽样的方法(抽签)随机地抽取得到的，则基于统计的理论和方法，经计算这个概率的值为95%。天气预报说，今天是雨天，概率80%。它的意思是说，今天可能是雨天，也可能不是雨天，是雨天的可能性(把握)比较大，达到80%。我们说，外交政策支持率的概率为95%的区间估计为(36%,42%)，意思是说，外交政策支持率可能在 36％和 42％之间，也可能不在它们之间，在它们之间的可能性比较大，达到 95％。按统计的术语，这个概率称为置信水平，有时简称为水平。置信水平可简单地理解为可信(把握)程度。

至此，我们将新民晚报上所说的这三句话修改成下面的三句话：(全体美国人中)

克林顿政府外交政策支持率的估计为 39％；

克林顿政府经济政策支持率的估计为 42％；

他们的抽样误差在 3％之内的置信水平(概率)是 95％。

第三句话也可等价地说：

克林顿政府外交政策支持率的置信水平为 95％的区间估计为 39％±3％，即(36％，42％)；

克林顿政府经济政策支持率的置信水平为 95％的区间估计为 42％±3％，即(39％，45％)。

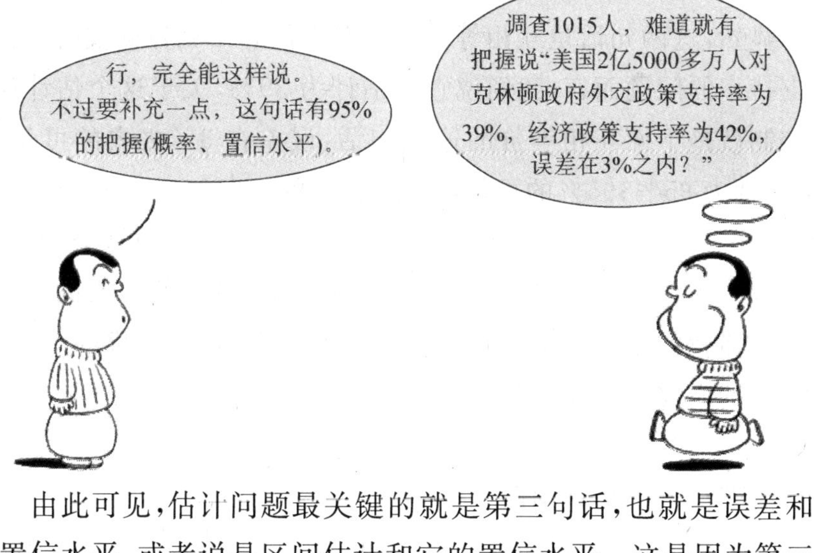

由此可见，估计问题最关键的就是第三句话，也就是误差和它的置信水平，或者说是区间估计和它的置信水平。这是因为第三句话牵涉到估计的精度。显然，误差越小，置信水平越大，区间估计的长度越短，估计的精度就越高。可能有人会说，能不能给出一个误差，或等价地给出一个区间估计，使得它的置信水平为100%？要达到这个要求并不难，例如你说支持率的区间估计为(0,100%)。显然，这个区间估计的置信水平为100%，但它没有什么意义。一个好的区间估计，不仅置信水平要大，而且区间的长度要短，或等价地说估计的误差要小。但这两个要求相互制约着。区间短了，置信水平会减少。反之，用加大区间长度的方法使得置信水平变大的方法也不可取。唯一能使得这两个要求都得到满足的方法是增加样本容量，多调查一些人。当然，为了节省人力、财力和物力，特别是为了及时的发布新闻，调查的人也不宜太多。作为一项支持率的民意调查，能做到仅调查1015人，置信水平就能达到95%，且误差为3%，或等价地说区间估计的长度为6%，公认这是可以了。总之，在统计估计问题中非常重要的误差控制问题就是下面这两句话：

1)误差在什么范围之内的可信(把握)程度有多大；

2)有多大可信(把握)程度的什么样的区间估计。

显然，这两句话是互相等价的。对于例5.1克林顿政府外交政策支持率的问题而言，我们说它的估计为39%，关于这个估计误差的控制就是下面互相等价的这两句话：误差在3%之内的可信(把握)程度为95%；95%的可信(把握)程度的区间估计为39%±3%，即(36%,42%)。为了误差能有如此的控制，我们随机调查1015人就可以了。这1015人是根据统计的理论和方法计算出来的。

前面我们用图5.1解释例5.1。看来，图5.1的“推断总体”这一部分的内容应补充误差控制的结果，见图5.2。

关于比例的估计问题

常见的有两类估计问题。一类是比例的估计，例如支持率的估

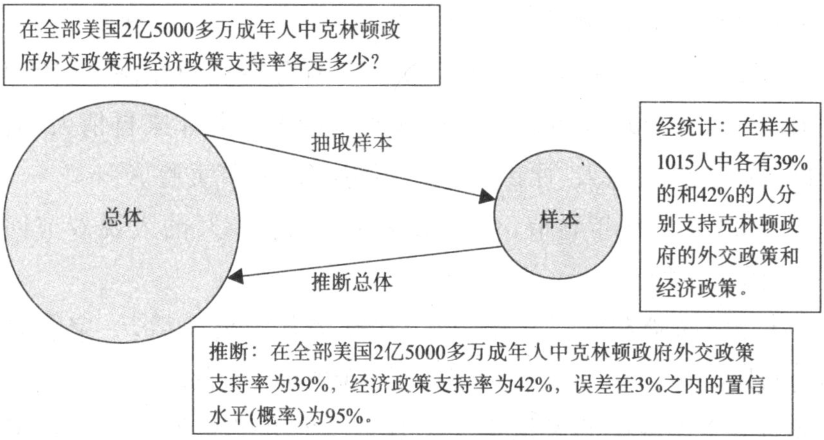

图 5.2 克林顿政府外交政策和经济政策支持率有多大及其误差和置信水平

计，第1章所讨论的康泰克要不要复活的问题所涉及的，康泰克在全国享有多大比例的认知度，以及有多大比例的顾客"会接受"或"可以接受"康泰克重回市场的这两个比例的估计。另一类是平均数的估计，例如居民的平均收入或支出的估计问题。此外还有其他类型的估计问题，但最为常用的是比例与平均数这两类估计问题。相对于平均数估计问题而言，关于比例估计问题的讨论稍许简单一些。基于统计的理论和方法，关于比例的调查，精确地说有下面的结论：

- 目的：调查总体中具有某种特性的个体所占的比例。
- 样本容量：1067 人。
- 抽样方法：简单随机抽样（抽签）。
- 误差控制：抽样误差在 3%之内的置信水平为 95%。

必须指出的是，上述结论是对比例的调查而言的。不能用于非比例，例如居民平均收入或支出的调查问题。这些问题的误差，以及置信水平与区间估计的计算比较复杂，本书从略。

在实际操作的时候，一般调查 1000 人左右，基本上就可以说误差在 3%之内，置信水平有 95%。下面是一些调查人数在 1000 人左右的社会调查的例子。

• 2月14日是西方的情人节。英国有关机构在法国、德国和英国询问了1000人,发现1/9的人收到的贺卡并非来自情人,而是来自他们自己或亲人,原因是他们不想在情人节丢脸。

• 2002年马年春节,台湾调查800人。73%的人说春节回家过年与父母团聚。

• 新片《哈利波特与点金石》在欧美各国公映后,一家著名的市场调研团体向1000位调查者发出问卷,问:你的脑海中首先浮现出来的英文小说中的虚拟主人公是谁。22%的被调查者的答案是哈利波特。哈利波特已击败了福尔摩斯、詹姆斯邦德和奥立弗等文学名著中的主人公,成为在公众中知名度最高的英文小说人物。

• 中秋节调查1847人,有1024人回答说:不喜欢吃月饼。但有55%的人说,我会买月饼。

提请大家注意的是,尽管美国、台湾地区、欧美各国和上海市的人口,以及法国、德国和英国的人口是不一样多的,有的相差很大,例如美国有2亿5000多万人口,而上海(户籍)只有1500万左右的人口。但基于统计的理论和方法,有关这些比例的调查都只需要调查1000左右的人,就能使得误差在3%之内的置信水平为95%。另外要提请大家注意的是,抽样方法要得当,例如使用简单随机抽样如抽签的方法。不适当的抽样方法是不能做到误差在3%之内的置信水平为95%的。例如某报纸曾登载过一篇文章。文章的标题说,“请注明被调查者”。该文说读到一条新闻,城里有近20万年轻人准备在未来三五年内买自家车。事实果真如此?原来为图方便,调查是在年轻人比较集中的写字楼中进行的。在写字楼上班的年轻族中有1/5的人表示了未来三五年内买车的意向。将1/5乘以全市年轻人的总数,就得出了前面这条新闻。显然,这样得到的样本不能代表全市年轻人,只能代表在写字楼上班的年轻人。它选取的样本有偏差。当然它就不可能有误差在 3%之内的置信水平为 95%的结论。

调查比例时置信水平不变误差变大或变小的计算原理

例 5.1 调查 1015 人比上面所述的 1067 人少，所以严格地说，上述结论："误差在 3%之内的置信水平为 95%"须作适当修改，不是误差变大一些，就是置信水平变小一些，或者两者都变。置信水平不变误差变大的计算比较简单。误差不变置信水平变小，或者两者都变的计算，总之牵涉到置信水平变化的计算就比较复杂。置信水平不变误差变大或变小的计算方法的原理为：误差与样本容量（调查多少人）的平方根成反比。具体的计算方法如下：

在样本容量为 1067 人时，抽样误差在 3%之内的置信水平为 95%。在样本容量为 1015 人时，假设抽样误差在 a 之内的置信水平为 95%，则有

$$\frac{a}{3\%}=\frac{\sqrt{1067}}{\sqrt{1015}},a=3\%\times\frac{\sqrt{1067}}{\sqrt{1015}}=3.08\%$$

因而在样本容量为 1015 人时，抽样误差在 3.08%之内的置信水平为 95%。

调查 1015 人误差仅从 3%变大为 3.08%。即使调查 1000 人和 800 人，抽样误差也仅从 3%分别变大为 3.10%和 3.46%。它们和 3%的差别都不是很大。因而在实际操作的时候，通常调查 1000 人左右，就说误差在 3%之内，置信水平有 95%。

一般来说，若调查 n 人，则其置信水平为 95%的抽样误差的计算方法如下：

在样本容量为 1067 人时，抽样误差在 3%之内的置信水平为

95%,则在样本容量为 n 人时,抽样误差在 $3\% \times \frac{\sqrt{1067}}{\sqrt{n}}$ 之内的置信水平为 95%。

2008 年 6 月 11 日中新网的一则新闻的标题是“美大选:奥巴马民意支持率稳定领先麦凯恩”。新闻说盖洛普民意测验中心 10 日公布的最新民意调查显示,目前奥巴马的全国支持度为 48%,麦凯恩为 41%。这是盖洛普自 3 月中开始进行这项民意调查以来,奥巴马领先麦凯恩的最大差距。这项民调是于 6 月 7 日至 9 日在全国抽样访问 2633 位登记选民,抽样误差 ±2 个百分点。“调查 2633 人的这个抽样误差 ±2 个百分点是如何计算的”留作本章复习题第 2 题。

奥巴马的支持度为 48%,麦凯恩为 41%。这两个数是根据 2633 位登记选民的样本计算出来的。因而严格地说这两个数是他们两人在全部登记选民中的支持度的估计。

支持度的估计大的候选人是否支持度也大

根据 2633 位登记选民的样本计算得到的奥巴马支持度的估计 48% 大于麦凯恩支持度的估计 41%,能否就此说在全部美国登记选民中奥巴马的支持度大于麦凯恩的支持度?回答这个问题的一个较为简单的方法是,同时构造奥巴马支持度与麦凯恩支持度的置信水平例如为 95% 的区间估计,然后看这两个区间有没有重叠的部分。倘若没有重叠的部分则认为他们的支持度有差别;反之则认为他们有相同的支持度。由 2% 的抽样误差算得:有(46%,50%)的人支持奥巴马,有(39%,43%)的人支持麦凯恩。这两个区间没有重叠的部分,所以中新网的这则新闻说“奥巴马以超出抽样误差范围领先麦凯恩”。所谓“超出抽样误差范围”,指的是两位候选人的支持度估计的差 7%（=48%−41%）超过了抽样误差 ±2 个百分点的两倍（4%）。一般来说，对同一次民意调查而言，只要支持度估计的差比两倍的抽样误差大，我们就说他们的支持度有差别，其中一人的支持度比另一人大。同时构造两个候选人的区间估计，用来解决支持度的估计大的候选人是否支持度也大的问题，这是区间估计的一个应用。

严格地说，上述方法有一个问题值得商榷探讨。奥巴马支持度的置信水平 95%的区间估计为（46%，50%），意思是说奥巴马支持度在 46%与 50%之间的可信程度为 95%，麦凯恩支持度的置信水平 95%的区间估计为（39%，43%），意思是说麦凯恩支持度在 39%与 43%之间的可信程度为 95%。同时构造奥巴马支持度与麦凯恩支持度的区间估计，意味着奥巴马支持度在 46%与 50%之间，并且麦凯恩支持度在 39%与 43%之间，那么合在一起的可信程度难道仍然为 95%？事实上，合在一起之后的的可信程度究竟是多少的问题很难说。俗话说，三个臭皮匠顶一个诸葛亮，意思是说合在一起解决问题的可能性比一个人解决问题的可能性增大了很多。倘若这三个臭皮匠闹内讧互相拆台，则合在一起解决问题的可能性就比一个人解决问题的可能性减小了很多。合在一起究竟是变大，变小，还是保持不变的问题比较复杂。可幸的是，对于我们所讨论的支持度的估计大的候选人是否支持度也大的问题，只要支持度估计的差比两倍的抽样误差大，就认为他们的支持度有上有下：

对同一次民意调查的两位候选人的支持度进行比较的时候，如果他们支持度估计的差超过了概率为 95%的抽样误差的两倍，则我们就能够说支持度估计大的那个候选人的支持度大，概率为95%。

提请大家注意的是，我们这里所讨论的问题是对同一次民意调查两个候选人的支持度进行比较。倘若是对不同的两次民意调查中（同一个或不同的两个）候选人的支持度进行比较，那就不能轻易地说只要支持度估计的差比两倍的抽样误差大，就认为支持度有上有下，应具体问题具体分析。

民意测验说他赢得了电视辩论是否能说他赢了

下面是同时构造两个区间估计方法的又一应用实例，用来解决“民意测验说他赢得了电视辩论是否能说他赢了”的问题。

下面的两篇报道讲的都是2000年美国大选，共和党总统候选人小布什与民主党总统候选人戈尔的电视辩论后的民意调查。

- 报道1（摘自2000年10月13文汇报）。美国总统选举前10月11日晚举行的第二场电视辩论后，CNN迅速进行了民意测验，当晚就发布消息，称小布什赢得了本场辩论，小布什赢得49%，戈尔赢得36%。

- 报道2（摘自2000年10月19日文汇报）。美国总统选举前10月18日举行的第三场电视辩论后，CNN称戈尔稍占上风。46%的人认为戈尔赢得了这一场辩论，44%的人认为小布什赢得了辩论。

这两篇报道都没有说调查了多少人。但一般来讲都是1000人左右，抽样误差在3%之内的置信水平为95%。这两场电视辩论的用词有所不同。第二场民意测验的报导说小布什赢得了本场辩论，而第三场的民意测验虽然是戈尔赢，但报道并没有说他赢得了本场辩论，仅说他稍占上风。它们的用词为什么不同？第二场电视辩论为什么说,小布什赢得了本场辩论?第三场电视辩论为什么仅仅说,戈尔稍占上风?稍占上风实际上是说,他们两个候选人基本上不分上下。“民意测验说他赢得了电视辩论是否能说他赢了”的这两个问题的求解留作本章复习题第5题。

2000年CNN迅速进行了民意测验,当晚就发布消息。但在例5.1中,1994年同样是调查1000多人,却花了2~3天时间。可见,民意调查事业发展之迅速。现在的民意调查通常采用从电话号码中随机取号,然后通过电话访谈调查,迅速且有效。

第4章§4.1节抛掷硬币一文中我们说,第4章表4.1的模拟验证是个检验问题,检验均匀的硬币出现正面的概率是否等于0.5。与此类似,支持度的估计大的候选人是否支持度也大的问题,以及民意测验说他赢得了电视辩论是否能说他赢了的问题其实也都是检验问题,要求我们回答这两位总统候选人的支持度是不是有大小,电视辩论有没有输赢,至于大多少和赢多少的估计问题并不重要。上面我们用构造区间估计的方法解决了这两个检验问题。构造区间估计是某些检验问题的一个较为简单的解决方法。

验证：抛掷均匀的硬币出现正面和反面的概率是否都等于 0.5

均匀硬币出现正面的概率是否等于 0.5 的检验问题是检验“是否等于某个确定的数”，而支持度和电视辩论这两个检验问题是检验“是否有大小”，它们有所不同，但构造区间估计都是它们的一个较为简单的解决方法。

第 4 章表 4.1 的这五次的模拟中正面出现的次数 $n_{正}$ 和反面出现的次数 $n_{反}$ 都不一样大。看来验证的结果似乎推翻了我们大家的共识，均匀的硬币出现正面和反面的概率并不相等。在正面出现的次数 $n_{正}$ 和反面出现的次数 $n_{反}$ 不一样大的时候，难道我们就能够说，均匀的硬币出现正面和反面的概率并不相等吗？下面以德莫根的模拟为例仔细分析这个问题。

德莫根共抛掷了 $n=2048$ 次，正面出现的次数 $n_{正}=1061$。由此得到正面出现概率的估计值为 1061/2148＝0.5181。虽然正面出现概率的估计值比 0.5 大，但这并不意味着正面出现的概率超过了 0.5。仅当正面出现概率的估计值 0.5181 比 0.5 大很多的时候我们才能说正面出现的概率超过了 0.5，比反面出现的概率大。

事实上，“抛掷硬币的模拟”可看成“调查比例的民意调查”。德莫根抛掷硬币 $n=2048$ 次，这相当于调查了 $n=2048$ 人。德莫根发现在 $n=2048$ 次抛掷中正面出现了 $n_{正}=1061$ 次，这相当于在调查的 $n=2048$ 人中有 $n_{正}=1061$ 人表示支持。由此看来，若抛掷 1067 次，抽样误差在 3％之内的置信水平为 95％，德莫根共抛掷了 $n=2048$ 次，则

抽样误差在 $3\%\times\dfrac{\sqrt{1067}}{\sqrt{2048}}=2.17\%$ 之内的置信水平为 95％，

由此得正面出现概率的置信水平为 95％的区间估计为 0.5181±0.0217,即

$$(0.5181-0.0217,0.5181+0.0217)=(0.4964,0.5398)$$

0.5 在这个区间估计(0.4964,0.5398)之内,所以虽然正面出现概率的估计值比 0.5 大,但我们还是认为正面出现的概率等于 0.5。由此可见,正面出现概率的估计值比反面出现概率的估计值大,但这并不意味着正面出现的概率一定比反面出现的概率大。只有当 0.5 不在这个区间估计之内时,我们才能说正面出现概率不等于 0.5。

我们用图 5.1 解释估计问题。类似的图可用来解释检验问题。均匀硬币出现正面的概率是否等于 0.5 的检验问题可用图 5.3 来解释。

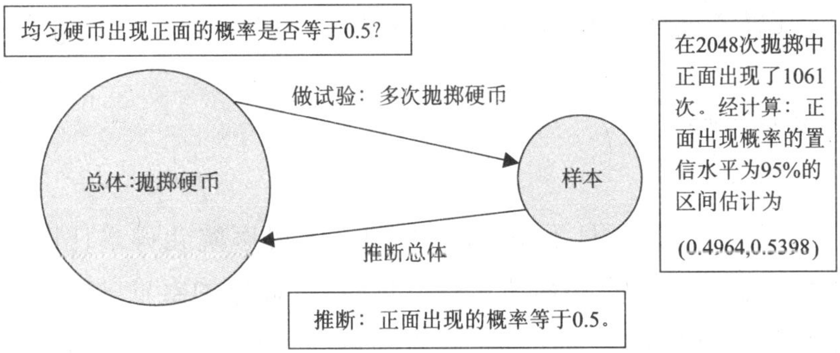

图 5.3　检验:均匀硬币出现正面的概率是否等于 0.5

正如第四章后记中所说的,统计学的研究对象是不确定性现象,所以在图 5.3 中,我们把“均匀硬币出现正面的概率是否等于 0.5 的检验问题”的总体看成是“抛掷硬币”,这个不确定性现象,而抽样就是做试验。做了 2048 次试验意思是说样本容量是 2048。此外,支持度的估计大的候选人是否支持度也大,以及民意测验说他赢得了电视辩论是否能说他赢了的检验问题也可以用与图 5.3

那样的图来解释。

本节我们讨论了检验问题的一些具体例子，并且用构造区间估计的方法求解这些检验问题。下一节我们将详细系统地讲述统计检验问题的理论与一般的处理方法。

§5.2 检验

前面的一些例子说明了，构造区间估计是某些检验问题的一个较为简单的解决方法。但对大多数检验问题来说，难以使用构造区间估计的方法去解决它。根据第四章的随机化对照比较双盲方案的表4.3，论证脊髓灰质炎疫苗是否有效的检验问题，通常就不使用构造区间估计的方法。下面讨论统计检验问题的一般性的处理方法，其思考过程可由下面这个感人的例子加以说明。

手足口病

2008年3月28日下午5时，阜阳市人民医院儿科主任医师刘晓琳像往常一样走进病房值夜班。这时，重症监护室里已同时住了两个小孩，病情一模一样，都是呼吸困难、吐粉红色痰，有肺炎症状，也表现出急性肺水肿症状，但是在另外一些症状上，却又与肺炎相矛盾。当晚，这两个小孩的病情突然恶化，抢救无效因肺出血而死亡。这时护士过来，告诉她3月27日也有一名相同症状的孩子死亡。刘医生立即将这3个病例资料调到一起，发现患儿都是死于肺炎。常规的肺炎，大多是左心衰竭导致死亡。而这3个孩子都是右心衰竭导致死亡。这很不正常。职业的敏感和强烈的责任心，让刘晓琳医生警觉起来。3月29日零点多，在好不容易劝走了这两个死亡的患儿的情绪激动的家长后，她连夜用电话把情况向领导进行了汇报。刘晓琳的预警起到了作用。4 月 23 日，经卫生部、省、市专家诊断，确定该病为手足口病(EV71 病毒感染)。人们都说，没有她的敏感和汇报，病毒还不知道要害死多少儿童。不仅手足口病，就是 4 年之前，2004 年上半年引起社会公众高度关注的阜阳“大头娃娃”事件也是刘晓琳医生最早揭示的，是她首先想到“大头娃娃”吃的奶粉出了问题。由此揭开了国内劣质奶粉的生产和销售的罪恶，挽救了无数婴儿的生命。4 月 26 日，卫生部部长陈竺对刘晓琳的行动也给予了高度赞扬：“一个好的临床医生，面对的应该不仅仅是个体病人的症状，还要想到症状后面的病因，要对临床情况的特殊性产生警觉，意识到其中的不同寻常之处，并且有报告意识。刘主任对这次疫情的控制是有贡献的。”

3 月 29 日零点多刘晓琳医生为什么要深夜上报病例，就是因为 3 例肺炎异常死亡病例引起她的警觉。常规的肺炎，大多是左心衰竭导致死亡。这也就是说肺炎因右心衰竭而死是有可能的，只不过这个概率不大。连续 3 位患儿都因右心衰竭而死这个概率更小了。由此她就怀疑这些患儿得的不是肺炎。由此看来，这个推断方法像是反证法。大家熟悉的反证法是寻找矛盾(不可能发生的事情)，而我们这里的反证法是寻找几乎矛盾(几乎不大可能发生的事情)。我们用图 5.4 说明刘医生的“反证法”的推断过程。

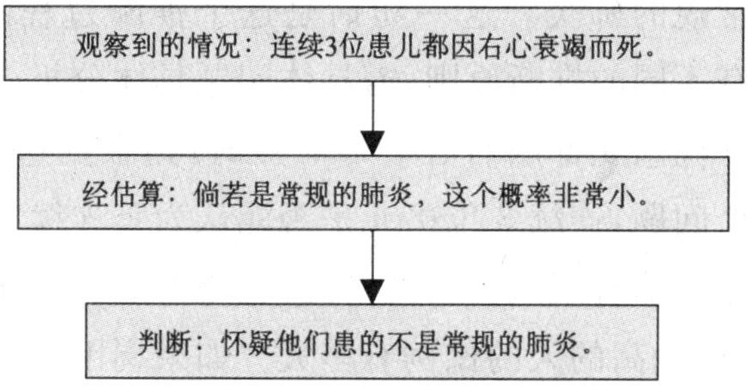

图 5.4　刘医生的推断过程

这样的推断方法对于我们发现问题是非常有帮助的。事实上，很多人在实践中都有这样的推断过程，只不过没有自觉地意识到。

图 5.4 的推断过程的改进

图 5.4 的推断过程自然有理。但在解统计检验问题时需要对图 5.4 的推断方法作些改进。它的第 2 个方框里的话说的其实是："经估算：倘若是常规的肺炎，连续 3 位患儿都因右心衰竭而死的概率非常小"。现将这句话修改为："经估算：倘若是常规的肺炎，连续 3 位、4 位和更多位患儿都因右心衰竭而死的概率非常小"。为什么作这样的修改，将计算的概率，由"连续 3 位患儿都因右心衰竭而死的概率"修改为"连续 3 位、4 位和更多位患儿都因右心衰竭而死的概率"，我们有以下两个方面的考虑：

1)既然刘医生在连续 3 位患儿都因右心衰竭而死时怀疑他们患的不是常规的肺炎，那么如果连续有 4 位、5 位或更多位患儿都因右心衰竭而死时刘医生更应怀疑他们患的不是常规的肺炎。因而计算的应该是更大一些的概率，也就是倘若是常规的肺炎，连续 3 位、4 位和更多位患儿都因右心衰竭而死的概率。

2)我们什么时候怀疑他们患的不是常规的肺炎？很自然地大家说，我们是在连续有比较多的患儿都因右心衰竭而死时，才说他们患的不是常规的肺炎。这一句话是这个推断过程的基本原则。不同的问题有不同的推断原则，需具体问题具体分析。现在刘医生看到有连续 3 位患儿都因右心衰竭而死时，则根据这个推断原则，需要回答一个问题，连续 3 位患儿是否能认为是连续比较多的患儿了？这个问题犹如看某人长得高不高，就是看周围比他高的人多不多，也就是看比他高的人的比例有多大。如果周围有比较大的比例的人比他高，那他自然不能认为长得偏高。只有当比他高的人的比例比较小的时候我们才认为他长得偏高。由此可见，连续 3 位患儿能否算是连续比较多的患儿了，关键就在于连续 3 位、4 位和更多位患儿都因右心衰竭而死的概率有多大。由于这个概率很小，因而我们认为连续 3 位患儿就能算是连续比较多的患儿了，并据此怀疑他们患的不是常规的肺炎。

正因为包括上面两个的多个方面的考虑，我们对图 5.4 的推断方法进行改进，改进后的推断过程见图 5.5。

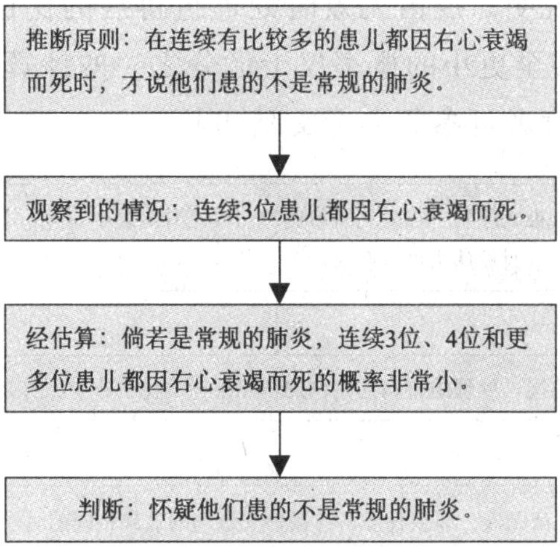

图 5.5　改进后的推断过程

为什么说脊髓灰质炎疫苗是有效的

下面分析如何根据第 4 章的随机化对照比较双盲方案的表 4.3，检验脊髓灰质炎疫苗是否有效。论证的过程与图 5.5 的推断过程相类似。

第 4 章表 4.3 第 2 行的处理组的儿童，他们接种疫苗，10 万人的得病比例 28.4；第 3 行的对照组的儿童，他们接种安慰剂，没有接种疫苗，10 万人的得病比例 70.6。接种疫苗的处理组得病的比例比接种安慰剂的对照组得病的比例小十万分之42.2。显然，我们是在处理组得病的比例比对照组小得多的时候才认为疫苗有效。按图5.5的推断过程，现在的关键就在于计算当疫苗无效时处理组得病的比例比对照组小十万分之42.2，甚至更小的概率。经计算，这个概率仅为十亿分之一。其概率如此的小，说明这样大的差距在疫苗无效时是几乎不可能发生的事。这使得我们不得不说疫苗是有效的。检验疫苗是否有效的这个“反证法”的推断过程可用图5.6来加以说明。疫苗无效时处理组得病的比例比对照组小十万分之42.2，甚至更小的概率仅十亿分之一的计算过程本书从略。对此有兴趣的读者可参阅参考文献[9]。

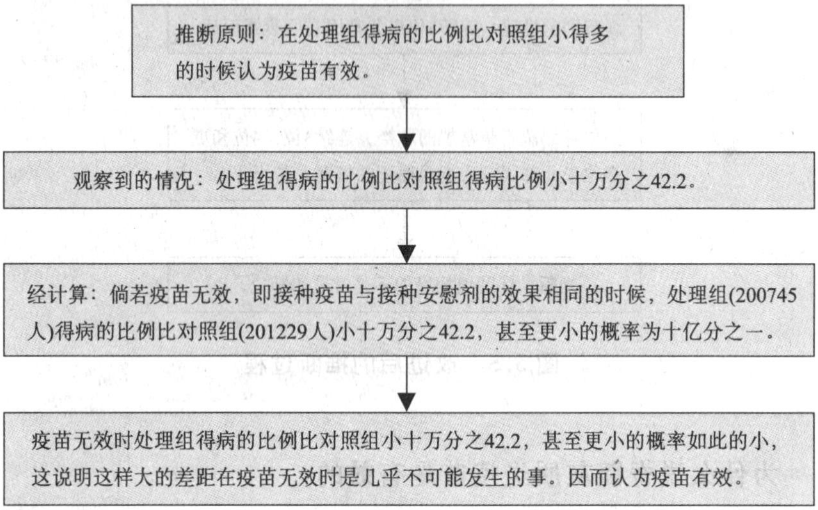

图5.6 检验疫苗是否有效的推断过程

原假设与备择假设

我们以图5.6为例详细介绍检验这种类型的统计推断问题的理论与处理方法。图5.6是为了检验疫苗是否有效。诸如此类的问题很多,例如检验吸烟是否危害人体健康,检验额定标准为每袋净重 0.5 公斤的袋装葡萄糖的糖重是否有 0.5 公斤,检验治疗心血管病的药是否损伤肾功能等等。这类问题都有两个假设等待检验,例如在疫苗是否有效的检验问题中这两个假设分别为“疫苗有效”和“疫苗无效”。检验这两个假设时,对他们的态度应有所不同。这与法院审讯犯罪嫌疑人时究竟是“有罪推定”,还是“无罪推定”的原则相类似。法院审讯时有两个假设等待检验:“嫌疑人有罪”和“嫌疑人无罪”。如果是有罪推定,则首先认为该嫌疑人有罪,然后寻找证据证明他无罪。倘若有充分、确凿、有效的证据证明嫌疑人无罪,则认为他无罪。反之,倘若没有充分、确凿、有效的证据证明嫌疑人无罪,则认为他有罪。由此可见,有罪推定论保护(也就是不轻易否定)“嫌疑人有罪”的假设。然而无罪推定论与之相反,它保护(也就是不轻易否定)“嫌疑人无罪”的假设。这是因为无罪推定论首先认为该嫌疑人无罪,然后寻找证据证明他有罪。倘若有充分、确凿、有效的证据证明犯罪嫌疑人有罪,则认为他有罪。反之,则认为他无罪。看来,采用有罪推定论审讯嫌疑人与采用无罪推定论有可能得到不同的审讯结论。统计检验问题的两个假设,其中那个被保护不轻易否定的假设称为原假设,而把另一个假设称为备择假设。例如在疫苗是否有效的检验问题中,很自然地把“疫苗无效”视为原假设,不轻易的否定它。这也就是说,仅当我们有了充分、确凿、有效的证据证明疫苗有效,才拒绝原假设,认为疫苗有效。由此看来,在统计检验问题中一旦原假设被拒绝,则就意味着比较充分、确凿、有效的证据认为备择假设为真。在实际检验问题中设定原假设与备择假设的通常使用的原则为

- 原假设:不轻易否定的假设,也就是说有了充分、确凿、有效的证据后才能拒绝的假设;
- 备择假设:不轻易肯定的假设,也就是说有了充分、确凿、有

效的证据后才能接受的假设。

请读者思考下面的问题：

• 关于吸烟是否危害人体健康的检验问题，原假设和备择假设为什么分别取为“吸烟没有危害人体健康”和“吸烟危害人体健康”？

• 关于额定标准为每袋净重 0.5 公斤的袋装葡萄糖的糖重是否有 0.5 公斤的检验问题，原假设和备择假设为什么分别取为“平均糖重有 0.5 公斤”和“平均糖重没有 0.5 公斤”？

• 关于治疗心血管病的药是否损伤肾功能的检验问题，原假设和备择假设为什么分别取为“损伤肾功能”和“没有损伤肾功能”？

通常将原假设(null hypothesis)记为 H_0，故原假设也可称为零假设。将备择假设(alternative hypothesis)记为 H_1，有时也记为 H_a。将疫苗是否有效的检验问题记为

$$H_0:\text{疫苗无效}\leftrightarrow H_1:\text{疫苗有效}$$

这个假设检验问题有时也记为

$$H_0:\text{疫苗无效 vs. } H_1:\text{疫苗有效}$$

“vs.”是 versus 的简写，是“对”的意思。当然，检验问题也可记为

$$H_0:\text{疫苗无效；}H_1:\text{疫苗有效。}$$

有的时候将检验问题简写为原假设 H_0:疫苗无效。而将备择假设默认为 H_1:疫苗有效。

检验的两个关键问题：检验法则与 p 值

解统计检验问题有两个关键问题。我们把不轻易否定的假设，也就是说有了充分、确凿、有效的证据后才能拒绝的假设设定为原

假设。那么究竟什么样的证据才能认为是充分、确凿、有效，或简单地说，什么时候拒绝原假设，是解统计检验问题必须首先考虑的问题。通常将“什么时候拒绝原假设”称为是检验法则。对疫苗是否有效的检验问题来说，其检验法则就是图 5.6 第 1 个方框里的推断原则，也就是“在处理组的得病比例比对照组的小得多的时候认为疫苗有效”。确定检验法则是解统计检验问题的第一个关键。

确定了检验法则之后，接下来的重要工作就是使用反证法，在原假设成立时计算概率。计算什么样的概率，这个与检验法则，以及观察到的数据有关。对疫苗是否有效的检验问题而言，原假设是疫苗无效，由于我们的检验法则是，在处理组得病的比例比对照组小得多的时候认为疫苗有效，又由于观察到的数据是处理组得病的比例比对照组小十万分之 42.2，因而计算的概率就是，在疫苗无效时处理组得病的比例比对照组小十万分之 42.2，甚至更小的概率。这个思考过程见图 5.7。

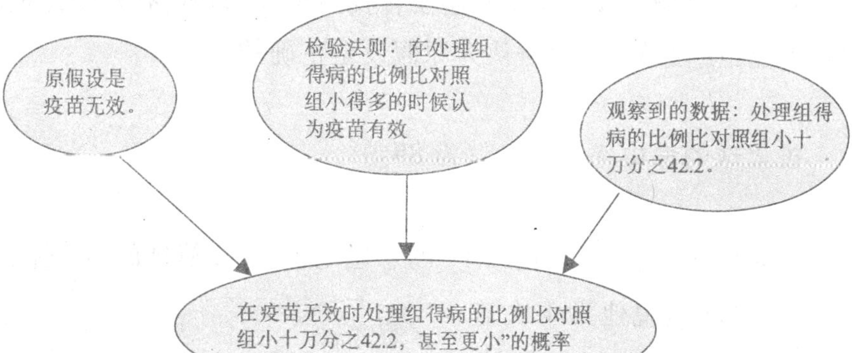

图 5.7　计算什么样的概率

由于“在疫苗无效时处理组得病的比例比对照组小十万分之 42.2，甚至更小”的概率为十亿分之一。如此小的概率说明这样大的差距在疫苗无效时是几乎不可能发生的事。依据这个充分、确凿、有效的证据，因而我们认为疫苗不可能无效，疫苗是有效的。由此可见，这个概率的计算对于求解疫苗是否有效的检验问题至关重要。

在原假设成立时计算概率，这是解统计检验问题的第二个关键。按统计的术语，这个概率称为是检验的 p 值，简称 p 值，p 就是英文 probability（概率）的第一个字母。在疫苗是否有效的检验问题中，我们在疫苗无效，即原假设成立时计算得到“处理组得病的比例比对照组小十万分之 42.2，甚至更小”的概率为十亿分之一，这也就是说检验的 p 值为十亿分之一。p 值如此之小，使得我们不得不认为在疫苗无效时有十万分之 42.2 的差距是不可能发生的，从而确信疫苗是有效的。解统计检验问题，p 值起着极其重要的作用：

- 若 p 值比较小，这意味着在原假设成立时观察到的这件事基本上是不大可能发生的，则就有了充分、确凿、有效的证据拒绝原假设，从而认为备择假设是正确的。
- 若 p 值不小，则意味着还没有找到充分、确凿、有效的证据，因而不能拒绝原假设，只得认为原假设是正确的。

投篮球的命中率是否仍然为 80%

某人说他投篮球“十投八中”的意思是说，他投篮球的命中率为 80%，这也就是说他投 1 次篮投中的可能性为 80%。那么，他投 2 次篮 2 次都投中的可能性就为 80%×80%＝64%，而他投 2 次篮 2 次都没有投中的可能性为 20%×20%＝4%，依此类推。

我投篮球的命中率十投八中，今天我5投5中。有人说我命中率提高了。也有人说，这次5投5中并不说明我命中率提高了。我的命中率究竟有没有提高?

这天他投 5 次篮 5 次都投中了。他很高兴地说我投篮球的命中率提高了。看他投篮的一个人说，我认为你投篮球的命中率仍然为 80%。这次 5 投 5 中并不说明你命中率提高了。你说，他们两个人哪个讲话更可信？

很自然地，我们取“投篮球的命中率为 80%”为这个检验问题的原假设，而将“命中率提高了”取为备择假设：

$$H_0\text{：投篮球的命中率为 }80\%\leftrightarrow H_1\text{：命中率提高了}$$

对于这个命中率是否提高了的检验问题，其检验法则显然是，在投篮球投中很多的时候认为他的命中率提高了。相应地，其检验的 p 值就是在他投篮球的命中率为 80% 的时候，5 投 5 中发生的概率：

$$p=80\%\times80\%\times80\%\times80\%\times80\%=32.77\%$$

p 值 0.3277 比较大，这说明在他的命中率为 80% 的时候 5 投 5 中不是不可能发生的。因而 5 投 5 中并不是“命中率提高了”的充分、确凿、有效的证据。为此我们只好认为他的命中率没有提高，仍然是 80%。总之，p 值比较大时则不拒绝原假设，认为原假设正确。投篮球的命中率是否提高了的检验问题和它的检验过程见图 5.8。

倘若这天他投 5 次篮 5 次都没有投中，我们能否认为他投篮球的命中率下降了？这个检验问题的原假设仍然为“投篮球的命中率为 80%”，而备择假设需改变为“命中率下降了”：

$$H_0\text{：投篮球的命中率为 }80\%\leftrightarrow H_1\text{：命中率下降了}$$

其检验法则显然是，在投篮球投中很少的时候认为他的命中率下降了。相应地，其检验的 p 值就是在他的命中率为 80% 的时候，5 投 5 不中发生的概率：

$$p=20\%\times20\%\times20\%\times20\%\times20\%=0.032\%$$

这个 p 值 0.00032 非常的小，这说明在他的命中率为 80% 的时候 5

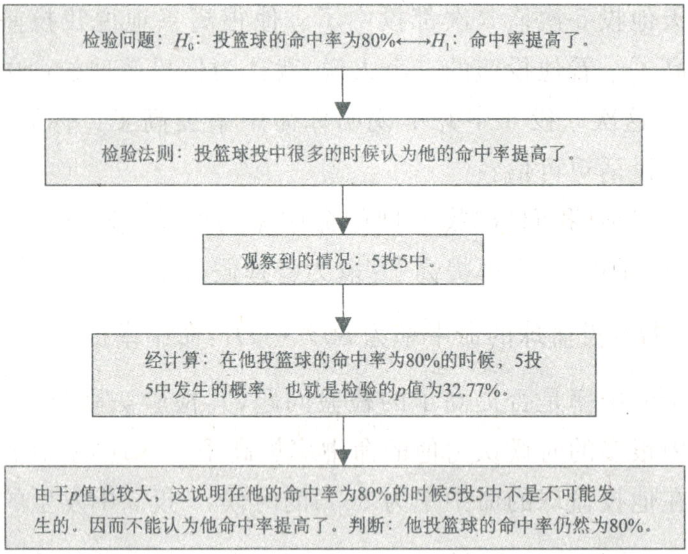

图 5.8　投篮球的命中率是否提高了的检验问题和它的检验过程

投 5 不中的情况几乎是不可能发生的。因而 5 投 5 不中是“命中率下降了”的充分、确凿、有效的证据。我们当然认为他的命中率下降了。总之，p 值比较小时则拒绝原假设，认为备择假设正确。

我投篮球的命中率十投八中，今天我5投5不中，这说明我命中率下降了。倘若我今天4投4不中，或2投2不中，那又怎么样？

我投篮球的命中率十投八中，今天我虽然5投5中，但这并不说明我命中率提高了。倘若我今天10投10中，或20投20中，那又怎么样？

假设检验问题的求解步骤

投篮问题告诉我们 p 值的计算的确是解统计检验问题的关键。可能大家会问，p 值的大小有没有界限？通常人们取 0.05 为

p 值的界。当 p 值不比 0.05 大的时候，就说 p 值比较小；否则说 p 值不小。0.05 称为是检验的水平，记为水平 $\alpha=0.05$。我们在讲估计的误差与区间估计问题时说，置信水平达到 95%，公认这是可以了。与此相对应地，对检验问题来说，检验的水平不超过 0.05，就公认这是可以了。有的时候我们希望拒绝原假设的证据非常充分、确凿、有效，还取水平 $\alpha=0.01$ 为界。

• 若 p 值不比 0.01 大，则说 p 值很小，这说明有非常充分、确凿、有效的证据认为备择假设是正确的，我们在水平 $\alpha=0.01$ 下（高度显著地）拒绝原假设；

• 若 p 值比 0.01 大，但不比 0.05 大，则说 p 值比较小，这说明有充分、确凿、有效的证据认为备择假设是正确的，我们在水平 $\alpha=0.05$ 下（显著地）拒绝原假设，但在水平 $\alpha=0.01$ 下不能（高度显著地）拒绝原假设；

• 若 p 值比 0.05 大，则说 p 值不小，这说明没有充分、确凿、有效的证据认为备择假设是正确的，我们在水平 $\alpha=0.05$ 下不拒绝原假设，只得认为原假设是正确的。

综上所述，我们结合投篮球的命中率是否提高了的检验问题，讲解求解假设检验问题的 4 个步骤：

1）建立原假设 H_0 和备择假设 H_1。

例如 H_0：投篮球的命中率为 80%$\leftrightarrow H_1$：命中率提高了。

2）确定检验法则。

在投篮球投中很多的时候认为他的命中率提高了。

3）计算 p 值。

若观察到的情况是 5 投 5 中，则检验的 p 值就是，在他投篮球的命中率为 80% 的时候，5 投 5 中发生的概率。又若观察到的情况是 10 投 9 中 1 不中，则检验的 p 值就是，在他投篮球的命中率为 80% 的时候，10 投 9 中 1 不中和 10 投 10 中合在一起发生的概率。

4)若 p 值比较小，例如 p 值不比 0.01 大，则在水平 $\alpha=0.01$ 下高度显著地拒绝原假设；又若 p 值比 0.01 大，但不比 0.05 大，则在水平 $\alpha=0.05$ 下显著地拒绝原假设；反之则不拒绝原假设。

检验会犯错误吗

前面在讲统计估计问题时，我们说不可能有风险消失了的没有误差的估计，我们仅仅能做的就是控制误差，也就是给出误差在什么范围之内有多大的可信(把握)程度，或给出有多大可信(把握)程度的什么样的区间估计。统计检验问题也有风险，它的风险表现在它可能出错。可能大家会说，既然我们是有了充分、确凿、有效的证据后才认为备择假设是正确的，怎么会出错？我们仍以投篮问题为例说明统计检验问题为什么会犯错误。

首先看前面所讨论的投篮球的命中率是否下降了的检验问题。p 值 0.00032 非常的小，这说明在他的命中率为 80%的时候 5 投 5 不中的情况几乎是不可能发生的，所以我们认为他命中率下降了。显然，几乎不可能发生并不是说不会发生。既然 p 值 0.00032 是原假设成立，即命中率为 80%的时候，5 投 5 不中发生的概率，那么在 5 投 5 不中时我们认为他命中率下降了，这样一个判断出错的可能性为 0.00032。由此看来，p 值有下面一个重要的含义：

p 值告诉我们倘若根据现有的样本观察值拒绝原假设，则在原假设成立时我们承受的风险，犯错误的概率就如 p 值那么大。

水平 α 有与 p 值相类似的含义。回过头来再来看投篮球的命中率是否下降了的检验问题。p 值 0.00032 小于 0.01，因而在水平 $\alpha=0.01$ 下拒绝原假设，认为他命中率下降了。由此可见，在水平 $\alpha=0.01$ 下拒绝原假设，则在原假设成立时我们作出错误的判断，也就是在他投篮球的命中率确为 80%时认为他命中率下降了，犯这样一个错误的概率就比水平 $\alpha=0.01$ 小。由此看来，水平 α 有与 p 值相类似的重要含义：

水平 α 意味着在原假设成立时我们若拒绝原假设，则承受的风险，犯错误的概率不会比 α 大。

下面在他 2 投 2 不中时看命中率是否下降了的检验问题。2 投 2 不中时检验的 p 值为 $p=20\%\times20\%=4\%$。由于 p 值 0.04 比 0.01 大，但不比 0.05 大，所以 2 投 2 不中时我们在水平 $\alpha=0.01$ 下不能拒绝原假设，但在水平 $\alpha=0.05$ 下能够拒绝原假设，认为他命中率降低了。这是因为

• 水平 $\alpha=0.01$ 意味着我们所能存受的风险，犯错误的概率至多为 0.01。由于 p 值 0.04 大于 0.01，所以在水平 $\alpha=0.01$ 不能拒绝原假设。倘若拒绝原假设，则我们犯错误的概率就要超过 0.01。

• 水平 $\alpha=0.05$ 意味着我们所能存受的风险，犯错误的概率至多为 0.05。由于 p 值 0.04 小于 0.05，所以在水平 $\alpha=0.05$ 能够拒绝原假设。拒绝了原假设，我们犯错误的概率没有超过 0.05。

检验的两类错误

前面我们说，p 值告诉我们倘若根据现有的样本观察值拒绝原假设，则在原假设成立时我们承受的风险，犯错误的概率就如 p 值那么大。此外我们还说，水平 α 意味着在原假设成立时我们若拒绝原假设，则承受的风险，犯错误的概率不会比 α 大。这两句话使得大家可能会想，看来我们都是在拒绝原假设时承受风险犯错误的。倘若我们不论什么样的情况，总是认为原假设是正确的，那看来我们是不会犯错误了。事实上，只有在原假设成立的时候，认为原假

设是正确的，才没有犯错误。如果原假设不成立，而是备择假设成立，那倘若你认为原假设是正确的，那就犯错误了。总之，在原假设成立时倘若你拒绝原假设则就犯错误了，而在原假设不成立备择假设成立时倘若你不拒绝原假设则，那就也犯错误了。这是两种不同类型的错误，通常分别称为检验的第 1 类和第 2 类错误：

原假设成立时拒绝原假设所犯的错误称为第 1 类错误。

原假设不成立，即备择假设成立时不拒绝原假设所犯的错误称为第 2 类错误。

法院审讯犯罪嫌疑人时如果是“无罪推定”，则原假设是“嫌疑人无罪”，备择假设是“嫌疑人有罪”。那么检验的第 1 类错误就相当于法院审讯时将无罪的嫌疑人判为有罪，而检验的第 2 类错误就相当于将有罪的嫌疑人判为无罪。法院审讯如果“无罪推定”，则在有了充分、确凿、有效的证据证明犯罪嫌疑人有罪时才认为他有罪，这是为了将无罪的嫌疑人误判为有罪的可能性降低到非常的小，几乎不可能发生。同时寻找充分、确凿、有效的证据也使得将有罪的嫌疑人误判为无罪的可能性尽可能的降低。

一般来说，统计检验问题难以做到这两类错误都不犯。通常能做的就是，使得犯这两类错误的概率都比较小。由于我们把不轻易否定的假设，也就是说有了充分、确凿、有效的证据后才能拒绝的假设设定为原假设，因而通常

- 首先控制检验犯第 1 类错误的概率，将原假设确为真时我们却拒绝原假设的可能性控制在事先给定的水平 α 之内。这类检验就是所谓的水平为 α 的检验。

犯第 1 类错误的概率，也就是在原假设确为真时我们却拒绝原假设的可能性不大于 α 的检验称为是水平为 α 的检验。

- 在控制检验犯第 1 类错误的概率，使得它不大于事先给定的水平 α 之后，然后我们再来寻找检验犯第 2 类错误的概率尽可能

小的检验。

有的问题，检验犯第 1 类、第 2 类错误的概率都需要控制。例如在产品质量检验工作中广泛使用抽样检验（简称抽检）问题。一般来说，抽检问题的原假设和备择假设分别为

$$H_0:\text{产品合格} \leftrightarrow H_1:\text{产品不合格}$$

抽检问题，例如从一批产品中随机抽取一定数量的产品，看里面有多少个不合格品。如果抽检到的不合格品比较多，则拒绝原假设，认为整批产品不合格；否则认为整批产品合格。在抽检问题中有必要对两类错误给于同等的关注。犯第 1 类错误就是在产品合格的时候却判断它为不合格产品。或简单地说犯第 1 类错误就是不让合格产品进入市场。所以控制犯第 1 类错误的概率，使得它不大于事先给定的水平例如 $\alpha=0.05$，这是在保护生产方厂家的利益。而犯第 2 类错误就是在产品不合格的时候却判断它为合格产品。或简单地说犯第 2 类错误就是让不合格产品进入市场。所以控制犯第 2 类错误的概率，使得它不大于事先给定的水平例如 $\beta=0.01$，这是在保护使用方顾客的利益。显然，在抽检问题中犯这两类错误的概率都需要受到控制。抽检犯这两类错误的概率都得到控制的检验问题比较复杂，本书从略。

§5.3　概率与分布

至此，我们介绍了两类统计推断问题：估计和检验。估计问题需要计算置信水平，检验问题需要计算 p 值。这两类问题都离不开计算概率。有些问题，概率的计算不难。例如投篮球命中率的检验问题中，在命中率为 80％的时候，5 投 5 中和 5 投 5 不中的概率

的计算比较容易。但对于大多数问题来说，概率的计算相当困难。例如图 5.6 中，在原假设成立疫苗无效时，“处理组接种疫苗得病的比例比对照组接种安慰剂得病的比例小十万分之 42.2，甚至更小”的概率为什么等于十亿分之一？欲想回答这个问题，不是一件容易的事。计算这类问题的概率，需要知道分布。下面以人的身高为例，简要解释分布的含义。

人的身高的分布

看某个人长得高不高，就是看周围比他高的人多不多，也就是看比他高的人的比例有多大，这就需要知道人的身高的分布情况。所谓分布直观地说就是各种身高的人有多大的比例，例如身高不到 170cm，身高在 170cm 与 175cm 之间的人，或身高超过 175cm 的人在整个人群中的比例。1989 年 11 月光明日报有一篇报道说，你的身高是偏高还是偏低？或者不高不低居中？对照一下国家技术监督局今天公布的《中国成年人人体尺寸标准》即可一目了然。这个标准是中国标准化与信息分类编码研究所会同有关单位自 1984 年起，历时 4 年多，测量了 2.2 万余人之后完成的。其中身高一项表明，我国 80％的成年男子身高在 1.60～1.75m 之间，各有 9％的男子身高在 1.54～1.60m 之间和 1.75～1.81m 之间，还各有 1％的男子的身高不到 1.54m 和超过 1.81m；80％的成年女子身高在 1.50～1.64m 之间，各有 9％的女子身高在 1.45～1.50m 之间和 1.64～1.69m 之间，还各有 1％的女子的身高不到 1.45m 和超过 1.69m。这是 20 世纪 80 年代末我国成年男子和成年女子身高的分布情况的描述。这样的描述还可以用图 5.9 形象地给出。

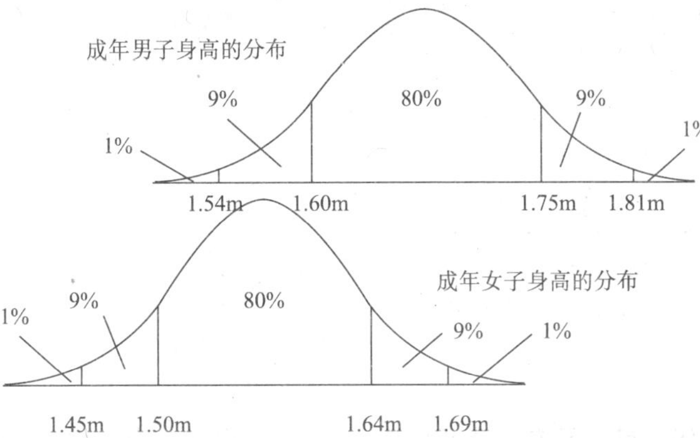

图 5.9 我国成年男子和成年女子身高的分布

大家都有这样的体会:无论是女人,还是男人,人的身高的分布都有这样的趋势,长得很高和很矮的都是少数,多数是中间状态,从中间往两头看,长得高和长得矮的比例基本相等,且两头的比例越来越小。图 5.9 这样画就是为了反映这种趋势。图 5.9 用钟形对称的图形描述人的身高的分布。为什么用钟形对称,这可能是受下面这一个生动的例子启发。

假设某大学有 10000 个男学生。现要求他们都到大操场集中,自左至右按身高由低到高地排列,同样身高的男学生排成一直列。不难想象,排列好之后的轮廓线犹如钟形对称的图形,中间高,两边逐渐低下去,左右近似对称,见图 5.10。轮廓线有个最高的点,这也就是说中间平均状态例如身高为 170cm 的人最多。比中间平均状态高的人中越是长得高的人越少,而比中间平均状态矮的人中越是长得矮的人也越少,因而轮廓线从中间平均状态开始向左和向右都逐渐下降。轮廓线关于中间平均状态左右两边对称,例如比中间平均状态 170cm 高 6cm 的身高 176cm 的人和矮 6cm 的身高 164cm 的人几乎一样多。

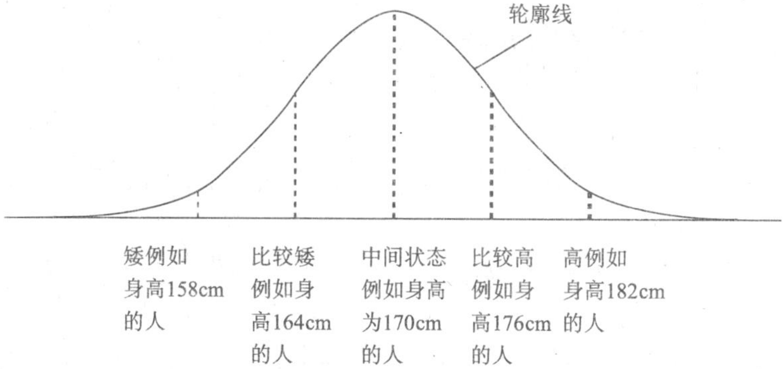

图 5.10 自左至右按身高由低到高排列,同样身高的排成一直列

图 5.9 告诉我们,成年男子身高分布的钟形对称的图形偏右,成年女子身高分布的钟形对称的图形偏左。平均来说,男子比女子高。假设有个成年女子,身高 1.70m,由图 5.9 下方的那个图可以看到,我国成年女子中身高超过 1.70m 的比例不足 1%。这也就是说,比那个身高 1.70m 的成年女子还要高的,100 个成年女子中平均来说找不到 1 个人。显然,这个身高 1.70m 的成年女子长得偏高。但如果有个成年男子,身高 1.70m,由图 5.9 上方的那个图可以看到,我国成年男子中身高超过 1.70m 的比例多于 10%。这也就是说,比那个身高 1.70m 的成年男子还要高的,10 个成年男子中平均来说至少能找到 1 个人。显然,这个身高 1.70m 的成年男子不能认为长得偏高。由此可见,一个数是大,还是小,这要看他是处在什么场合。

图 5.9 的上方和下方那两个钟形对称的图形是怎样画出来的?人的体重的分布是不是和身高一样,也有钟形对称的图形?是不是所有的情况,例如产品的直径、重量和使用寿命的分布也都是钟形对称的图形?这些问题的研究本书从略。有兴趣的读者可参阅参考文献[18]。

抽样分布

两类统计推断问题:估计和检验的求解都离不开计算概率。而概率的计算需要知道分布。统计推断问题中的分布特称为是抽样分布。抽样分布也是统计推断的一个非常重要的问题。通常人们认为

统计推断有三个问题:估计、检验和抽样分布。

第 5 章小结

- 估计、检验和抽样分布是统计推断的三大问题。
- 常见的两类估计问题:比例的估计与平均数的估计。
- 在统计估计问题中所谓误差的控制问题就是下面相互等价的两句话:

1)误差在什么范围之内的可信(把握)程度有多大;

2)有多大可信(把握)程度的什么样的区间估计。

- 关于比例的调查,记住下面的结论:

1)目的:调查总体中具有某种特性的个体所占的比例。

2)样本容量:1067 人。

3)抽样方法:简单随机抽样。

4)抽样误差在 3%之内的置信水平为 95%。

5)在置信水平不变的条件下,误差与样本容量的平方根成反比。因而在样本容量为 n 人时,抽样误差在 $3\% \times \frac{\sqrt{1067}}{\sqrt{n}}$之内的置信水平为 95%。

• 理解图 5.5、图 5.6 与图 5.8 所描述的统计检验问题的思考推断过程。

• 在假设检验问题中，通常按下面的原则设定原假设与备择假设：

1)原假设 H_0：不轻易否定的假设，也就是说有了充分、确凿、有效的证据后才能拒绝的假设；

2)备择假设 H_1：不轻易肯定的假设，也就是说有了充分、确凿、有效的证据后才能接受的假设。

• 在设定了原假设与备择假设之后，解统计检验问题的第 1 个关键就是确定检验法则，即什么时候拒绝原假设，认为备择假设是正确的。

• 确定了检验法则之后，解统计检验问题的第 2 个关键就是在原假设成立时计算检验的 p 值。若 p 值不比 0.01 大，则高度显著地拒绝原假设；若比 0.01 大，但不比 0.05 大，则显著地拒绝原假设；反之则不拒绝原假设。

• p 值告诉我们倘若根据现有的样本观察值拒绝原假设，则我们承受的风险，犯错误的概率就如 p 值那么大；水平 α 意味着倘若拒绝原假设，则我们承受的风险，犯错误的概率不会比 α 大。

• 求解假设检验问题的 4 个步骤：

1)建立原假设 H_0 和备择假设 H_1；

2)确定检验法则；

3)计算 p 值；

4)若 p 值比较小，例如 p 值不比 0.01 大，则在水平 $\alpha=0.01$ 下高度显著地拒绝原假设；又若 p 值比 0.01 大，但不比 0.05 大，则在水平 $\alpha=0.05$ 下显著地拒绝原假设；反之则不拒绝原假设。

第6章　相关与回归分析

第1章的资产组合一文，我们结合图1.2和图1.3看，基本上同时上升和同时下降的两个股票称它们有正相关关系，而基本上一个上升而另一个下降，一个下降而另一个上升的两个股票称它们有负相关关系。

在第1章我们还提到，人的身高与脚印长度有这样的正相关关系：

人的身高＝6.876×脚印长度±误差

为什么脚印长度一样的人，他们长得并不一样高，这有多个方面的原因。他们来自不同的家庭，遗传基因不同、健康状况不同、饮食不同、运动习惯不同等都可能是造成脚印一样长但身高不一样的原因。每一个原因都可能产生误差，而正相关关系右边的误差是这一系列误差的总和。

从第1章的美国黄石国家公园间歇喷泉的例子，我们看到这一次喷发持续时间与到下一次喷发的间隔时间的正相关关系为：

下一次喷发的间隔时间＝10.74097×这一次喷发持续时间＋33.82821，误差 13.09792 分钟，概率 95％。

找到了该间歇喷泉的这样的正相关关系，我们就可以根据这一次喷发的持续时间，推测下一次喷发大概在什么时候发生，并推测误差和概率各是多少。本章将告诉大家这样的正相关关系是如何找到的。

§6.1 相关与回归

正相关关系与正比例关系

必须注意正相关关系与正比例关系的区别。前者是对不确定性现象而言的，而后者是对确定性现象而言的。确定性现象的正比例关系是说，当其中的一个变量增加的时候，另一个变量肯定也增加。假设速度为每小时 5 公里，则行驶总路程与行驶时间之间有正比例关系：

行驶总路程(公里)＝5(公里/小时)×行驶时间(小时)

行驶时间越长，行驶总路程肯定也越长，而且行驶总路程(公里)一定等于速度 5(公里/小时)与行驶时间(小时)的乘积。而不确定性现象的正相关关系是说，当其中的一个变量增大的时候，另一个变量有可能增大，也有可能减小，但总的来说增大的可能性大，减小的可能性小。或者说，当其中的一个变量增大的时候，另一个变量有增大的趋势。例如美国黄石国家公园间歇喷泉，这一次喷发持续时间与到下一次喷发的间隔时间的正相关，意思是说这一次喷发持续时间如果比较长,则到下一次喷发的间隔时间总的趋势往往也比较长,下一次喷发的间隔时间在"10.74097×这一次喷发持续时间+33.82821"的上下波动。正因为它有13.09792分钟(概率95%)的误差,所以有这样的情况:时间长的那一次喷发到下一次喷发的间隔时间,虽然往往比时间短的那一次喷发到下一次喷发的间隔时间长,但也有可能比它短,尽管这个可能性不大。

负相关关系

除了正相关,成对的两个变量也可能负相关。所谓负相关关系,意思是说一个变量的值比较大的时候另一个变量的值却往往比较小。与之相应地,一个变量的值比较小的时候另一个变量的值却往往比较大。对美国纽约州的一所医院全年289411份处方详细审查后,共发现了905份处方有错误。平均每天发生2.5份错误处方。医生的工作年限和经验与处方的错误率有极为密切的关系。第一年工作的医生平均错误率为0.425%,第二年工作的平均为0.234%,第三年工作的平均为0.198%,第四年工作的平均为0.081%。医生的工作年限与错误率有负相关关系。工作年限短的医生开错的处方并不一定比工作年限长的医生多。我们只能这样说,不论医生的工作年限是长还是短,都有可能开错处方,医生开错的处方有可能比较少甚至没有,也有可能比较多,甚至很多。但总的来说,工作年限短的医生开错处方的可能性比工作年限长的医生大。

医生的工作年限与错误率负相关

汽油燃料的消费是大家普遍关心的一个问题。为了使得数据有可比性,我们取人均燃料消费量衡量一个地区汽油燃料消费的程度,并计算该地区有驾驶执照的人在地区总人口中所占的百分比。显然,人均燃料消费量与有驾驶执照的人占的百分比有正相关关系。此外人们还感兴趣的是燃料消费与燃料税率之间有什么关系。燃料消费与燃料税率之间有负相关关系。对某地区的有关数据的统计分析,得到的人均燃料消费量与有驾驶执照的人占的比例和税率之间有这样的关系:

$$\begin{matrix}\text{人均燃料}\\\text{消费量(升)}\end{matrix}=412.45+47.35\times\begin{matrix}\text{有驾驶执照的}\\\text{人占的百分比}\end{matrix}-32.08\times\text{税率(分/升)}\pm\text{误差}$$

"有驾驶执照的人占的百分比"前面的系数 47.35 是正的,这说明人均燃料消费量与有驾驶执照的人占的百分比有正相关关系。"税率"前面的系数 −32.08 是负的,这说明人均燃料消费量与税率有负相关关系。由此看来,为控制汽油燃料消费量,可提高税率,也可限制驾驶执照的发行。这两项措施对于控制汽油燃料消费量有这样的作用:倘若不限制驾驶执照的发行,那么有驾驶执照的人每增加一个百分比,人均燃料消费量将约增加 47.35 升;倘若提升税率,则税率每升增加一分,人均燃料消费量将约减少 32.08 升。

儿子身高的回归

英国著名生物和统计学家高尔顿(F. Gaiton,1822～1911)和他的学生,著名统计学家皮尔逊(K. Pearson,1856～1936)对测量得到的 1078 个父亲及其成年儿子身高的成对数据进行了研究。研究结果发现,他们之间有正相关关系。这也就是说父亲比较高则其成年儿子往往也比较高,而父亲比较矮则其成年儿子往往也比较矮。前一句话是说，若父亲比较高，其成年儿子有的高有的矮，但大多数比较高，或者说若父亲比较高则其成年儿子总的趋势也比较高。同样道理，比较矮的父亲其成年儿子总的趋势也比较矮。

说父亲比较高则其成年儿子往往也比较高，并不是说这些比较高的儿子长得都比父亲还要高，而是说他们比父亲比较矮的成年儿子总的来说要高一些。倘若父亲比较高则其成年儿子往往更高，而父亲比较矮则其成年儿子往往更矮，长此一代一代的传下去，那势必产生两拨人，一拨人越来越高，而另一拨人越来越矮，高矮非常明显。事实上，人类与生物学的其他种类都是稳定的，并没有发生这种两极分化的情况。人的身高为什么没有发生两极分化，其原因就在于父亲比较高的成年儿子中有的比父亲高，有的没有父亲高。但没有父亲高的儿子多一些，比父亲还高的儿子少一些。类似地，父亲比较矮则其成年儿子往往也比较矮，并不是说这些比较矮的儿子长得都比父亲还要矮。事实上这些比较矮的儿子中总的来说，没有父亲矮的儿子多一些，比父亲还矮的儿子少一些。这样的一种情况可以用图 6.1 形象地加以说明。这种现象就是通常人们所说的“回归”。正因为儿子的身高存在着关于父亲身高的回归，人的身高才没有发生两极分化，是稳定的。在统计学中，这一类现象的统计分析称为是回归分析，其中“回归”一词出于高尔顿和皮尔逊的父亲和儿子身高的例子。必须注意的是，人的身高没有发生两极分化仅仅是“回归分析”的一个作用。如今的回归分析比起高尔顿和皮尔逊的儿子身高的回归有了非常大的实质性的发展，含义更丰富，应用范围很广，在各个方面都有着巨大的作用。

高尔顿和皮尔逊通过对父亲及其成年儿子身高的正相关关系的深入研究发现了这个回归现象。根据 1078 个父亲及其成年儿子的身高的测量值，进一步研究发现，父亲及其成年儿子身高之间的正相关关系可描述为

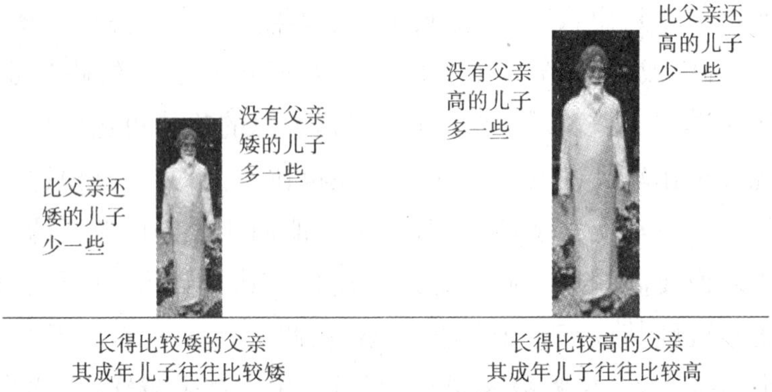

图 6.1　父亲及其成年儿子身高的回归现象

$$\text{成年儿子的身高(cm)} = 85.67 + 0.516 \times \text{其父亲的身高(cm)} \pm \text{误差}$$

这个等式告诉我们成年儿子的身高在“85.67+0.516×其父亲的身高”的上下波动。上下波动这一句话可理解为成年儿子的平均身高为“85.67+0.516×其父亲的身高”，换句话说，成年儿子的身高超过与低于“85.67＋0.516×其父亲的身高”的可能性都等于0.5。倘若某父亲比较高，例如身高180cm，那么他的成年儿子的身高超过85.67＋0.516×180＝178.55cm的可能性正好等于0.5。由此可见，成年儿子的身高超过180cm的可能性不到0.5。因而成年儿子的身高没有超过父亲的身高180cm的可能性就比0.5大。这就印证了图6.1右边所显示的情况：长得比较高的父亲其成年儿子往往比较高，但是比父亲还高的儿子少一些，没有父亲高的儿子多一些。类似地，倘若某父亲比较矮，例如身高为165cm，那么他的成年儿子的身高超过85.67+0.516×165=171.81cm的可能性正好等于0.5。由此可见，成年儿子的身高超过165cm的可能性比0.5大。因而成年儿子的身高没有超过父亲的身高165cm的可能性就比0.5小。这就印证了图6.1左边所显示的情况：长得比较矮的父亲其成年儿子往往比较矮，但是比父亲还矮的儿子少一些，没有父亲矮的儿子多一些。上面所述的就是图6.1形象地显示的回归现象发生缘由的一个说明。而这也说明了为什么人们将下面这个等式称为是父亲身高与其成年儿子身高的回归模型：

儿子的身高(cm)＝85.67＋0.516×父亲身高(cm)±误差

预测孩子身高

高尔顿和皮尔逊所建立的父亲身高与其成年儿子身高的回归模型的进一步研究发现，概率95％的误差为9.51cm：

儿子身高(cm)＝85.67＋0.516×父亲身高(cm)±9.51cm，概率95％

9.51cm的误差不小。例如某父亲身高170cm，根据这个回归模型我们预测，其成年儿子的身高为85.67＋0.516×170＝173.39(cm)，上下误差不超过9.51cm，概率95％。这也就是说，身高179cm的父亲，其成年儿子身高的置信水平为95％的预测区间为：

173.39±9.51，即(173.39－9.51，173.39＋9.51)＝(163.88，182.9)

将身高170cm的父亲的成年儿子身高估计在163.88cm和182.9cm之间，这个区间的长度达到19.02cm，其范围太大了一些。看来为预报成年儿子的身高，仅知道其父亲的身高是不够的，可能还需要知道其他更多的信息，例如其母亲身高，或其祖父、祖母、外祖父、外祖母等人的身高等。我国湖北省体育科学研究所提出的根据父母亲身高计算其成年儿子和女儿身高的公式分别为

$$\text{儿子身高}=56.699+0.419\times\text{父亲身高(cm)}+0.265\times\text{母亲身高(cm)}\pm 3\text{cm}$$

$$\text{女儿身高}=40.089+0.306\times\text{父亲身高(cm)}+0.431\times\text{母亲身高(cm)}\pm 3\text{cm}$$

通常将 3cm 理解为概率为 95%的预测误差。根据父母亲身高预测成年孩子的身高，上下波动 3cm，预测区间的长度为 6cm，它的精度比仅根据父亲身高的预测提高了很多。

回归模型

第 1 章“美国黄石国家公园间歇喷泉”例子中说，可观察的喷发持续时间称为是自变量，待预报的到下一次喷发间隔时间称为是因变量。间歇喷泉的预报问题中自变量和因变量都只有一个。在上面“负相关”一文中所讨论的，根据有驾驶执照的人占的比例和税率估计人均燃料消费量的问题中，因变量为人均燃料消费量，仍然只有一个，但有两个自变量：有驾驶执照的人占的比例和税率。同样情况，根据父亲身高的预测成年儿子身高的问题中，自变量和因变量都只有一个，它们分别为父亲身高和儿子身高。但在根据父母亲身高预测成年孩子身高的问题中，有两个自变量：父亲身高和母亲身高，因变量为孩子身高。本书所讨论的预测(预报、推测和估计)问题仅有一个自变量，涉及如何在自变量和因变量之间建立回归模型，如何根据回归模型来进行预测。对于有多个自变量的预测问题读者可参阅参考文献[19]和[20]。

为简化起见，通常将自变量记为 x，因变量记为 y，并且将根据自变量 x 预测因变量 y 的回归模型记为

$$y=ax+b\pm\text{误差}$$

模型中的a和b分别称为斜率和截距。在斜率a大于0是正数的时候,自变量x和因变量y有正相关关系:自变量x比较大时因变量y往往也比较大;在斜率a小于0是负数的时候,自变量x和因变量y有负相关关系:自变量x比较大时因变量y往往比较小。前面说的人的身高与脚印长度之间就有这样的回归模型:人的身高=6.876×脚印长度±误差,其中的斜率$a=6.876$,截距$b=0$。

§6.2 建立回归模型

欲使用回归模型进行预测,一般来说有以下4个步骤:

1)收集数据;

2)判断变量之间有没有相关性;

3)计算回归方程;

4)给出预测误差和概率。

本节将结合美国黄石国家公园间歇喷泉的例子,介绍如何应用Excel软件估计斜率a和截距b,以及如何计算误差和置信水平(概率)。

间歇喷泉的喷发持续时间和到下一次喷发的间隔时间的数据

预测问题的第1步工作是收集数据。数据不能太少。根据太少的数据发现的相关关系可能是不真实的,找到的回归模型不能用来预测。1978年8月1日至8月8日清晨8时至午夜老忠实间歇喷泉(Old Faithful Geyser)的喷发持续时间(分钟)和到下一次喷发的间隔时间(分钟)的107对数据见表6.1。数据摘自参考文献[19]第九章例9.1,其中x表示喷发持续时间,y表示到下一次喷发的间隔时间。107 对数据应该说是比较多的。

表 6.1　美国黄石国家公园老忠实间歇喷泉的 107 对数据

8月1日		8月2日		8月3日		8月4日		8月5日		8月6日		8月7日		8月8日	
y	x	y	x	y	x	y	x	y	x	y	x	y	x	y	x
78	4.4	80	4.3	76	4.5	75	4.0	71	4.0	55	1.8	81	3.5	77	4.2
74	3.9	56	1.7	82	3.9	73	3.7	67	2.3	75	4.6	53	2.0	73	4.4
68	4.0	80	3.9	84	4.3	67	3.7	81	4.4	73	3.5	89	4.3	70	4.1
76	4.0	69	3.7	53	2.3	68	4.3	76	4.1	70	4.0	44	1.8	88	4.1
80	3.5	57	3.1	86	3.8	86	3.6	83	4.3	83	3.7	78	4.1	75	4.0
84	4.1	90	4.0	51	1.9	72	3.8	76	3.3	50	1.7	61	1.8	83	4.1
50	2.3	42	1.8	85	4.6	75	3.8	55	2.0	95	4.6	73	4.7	61	2.7
93	4.7	91	4.1	45	1.8	75	3.8	73	4.3	51	1.7	75	4.2	78	4.6
55	1.7	51	1.8	88	4.7	66	2.5	56	2.9	82	4.0	73	3.9	61	1.9
76	4.9	79	3.2	51	1.8	84	4.5	83	4.6	54	1.8	76	4.3	81	4.5
58	1.7	53	1.9	80	4.6	70	4.1	57	1.9	83	4.4	55	1.8	51	2.0
74	4.6	82	4.6	49	1.9	79	3.7	71	3.6	51	1.9	86	4.5	80	4.8
75	3.4	51	2.0	82	3.5	60	3.8	72	3.7	80	4.6	48	2.0	79	4.1
						86	3.4	77	3.7	78	2.9				

交叉分组列表和散点图

预测问题的第 2 步工作是判断变量之间有没有相关性。我们这里是通过制作交叉分组列表和画散点图来判断相关性。这个方法比较直观，容易理解。此外还有定量的判断方法，本书从略。

表 6.2 是根据表 6.1 的数据得到的交叉分组列表。

表 6.2 交叉分组列表(喷发持续时间×到下一次喷发的间隔时间)

到下一次喷发的间隔时间(分钟)	91～100	0	0	0	0	0	1	2
	81～90	0	0	0	3	6	11	4
	71～80	0	0	1	5	15	11	8
	61～70	2	2	1	0	4	3	0
	51～60	17	1	1	1	1	0	0
	41～50	6	1	0	0	0	0	0
		1.6～2.0	2.1～2.5	2.6～3.0	3.1～3.5	3.6～4.0	4.1～4.5	4.6～5.0
		喷发持续时间(分钟)						

交叉分组列表的制作步骤如下:

1)寻找最小值和最大值。喷发持续时间的最小值 1.7、最大值 4.9;到下一次喷发的间隔时间的最小值 42、最大值 95;

2)将数据分组。一般分 5～20 组。喷发持续时间分 7 组,组距为 0.5;到下一次喷发的间隔时间分 6 组,组距为 10;

3)计算频数。经观察计数,107 对数据中喷发持续时间在 1.6～2.0 分钟之间,到下一次喷发的间隔时间在 41～50 分钟之间的有 6 对。其余的依此类推。

交叉分组列表 6.2 的左上角和右下角的方格中都是 0。这说明喷发持续时间短但到下一次喷发的间隔时间长,以及喷发持续时间长但到下一次喷发的间隔时间短都不大可能发生。去掉这些 0,中间用实线围着的灰色部分显然有向上的趋势。由交叉分组列表 6.2 可以看到,喷发持续时间与到下一次喷发的间隔时间有正相关关系,而且它们的关系基本上是直线关系。除了交叉分组列表,还可以在散点图上看到它们之间的这样一种关系。

图 6.2 是根据表 6.1 的数据得到的散点图。事实上,预测问题的第 2 步工作通常仅画散点图,制作交叉分组列表的工作常可省略。

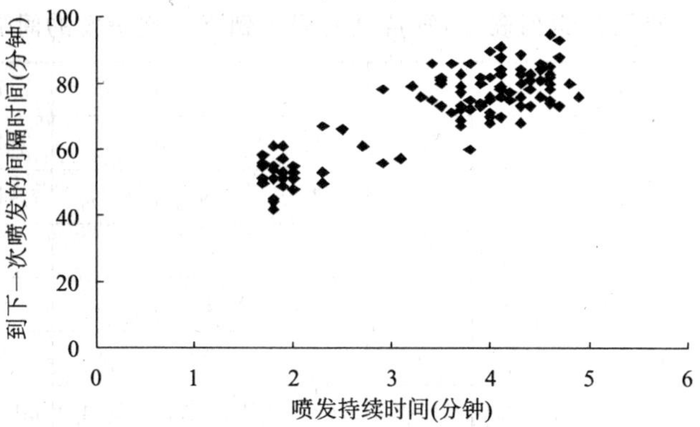

图 6.2　喷发持续时间与到下一次喷发的间隔时间的散点图

只需要启动 Excel 中文版“插入”菜单上的“函数”命令就可以画散点图，其步骤如下：

1)建立数据文件，例如将表 6.1 的喷发持续时间(x)的数据放在 A 列的第 1 至第 107 个单元格，到下一次喷发的间隔时间(y)的数据放在 B 列的第 1 至第 107 个单元格；

2)选中 A、B 两列；

3)选择函数下拉菜单，或点击 Excel 上方的常用工作栏的图表向导；

4)选择图表选项；

5)选择 XY 散点图，然后在对话框中选择完成。建议大家在对话框中选择下一步，看看接下来要做什么。

散点图 6.2 大致显示出，若喷发持续时间短则到下一次喷发的间隔时间往往也比较短，而若喷发持续时间长则到下一次喷发的间隔时间往往也比较长。它们之间有正相关关系。散点图 6.2 也显示出，数据点大致落在左下角和右上角的两个点簇中。这说明喷发持续时间或者比较短，或者比较长，中间的不多见。散点图 6.2 启示我们，去画一条直线，使得这条直线在散点图上这些数据点的中间。

有了这条直线之后就可以根据这一次喷发的持续时间预报到下一次喷发的间隔时间。例如这一次喷发持续3分钟,则从图6.3横坐标上点3(喷发持续时间)出发往上画垂直线,一直画到与这一条直线相交为止。然后从交点出发往左画水平线,一直画到与纵坐标相交为止。交点的纵坐标值就是到下一次喷发的间隔时间的预报值。这个预报值大致为66分钟。这个预报的过程见图6.4。

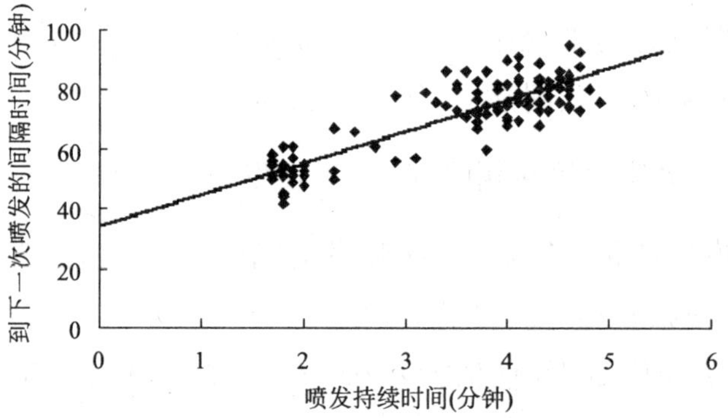

图6.3 喷发持续时间与到下一次喷发的间隔时间的直线正相关关系

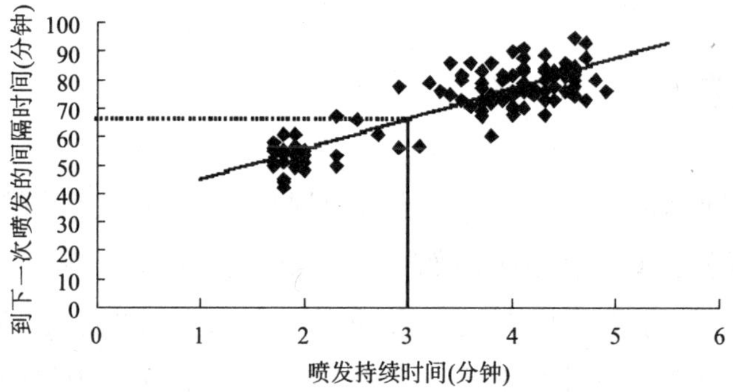

图6.4 到下一次喷发的间隔时间的预报

在散点图6.2上画直线依据的是人的主观判断。例如图6.3上的这条直线,可能有人认为不是很恰当,尤其对右上角的这个点簇来说它应该再往上撬一点。但倘若往上撬则对左下角的这个点簇来说就不恰当了。

我们知道 $y=ax+b$ 是横坐标 X 和纵坐标 Y 的坐标平面上的直线方程，所以在散点图 6.2 上寻找一条直线，使得这条直线在散点图上这些数据点的中间，相当于寻找 a 和 b，使得直线：

$$到下一次喷发的间隔时间=a\times喷发持续时间+b$$

符合要求。这条直线方程称为直线回归方程，简称回归直线。

正因为这一条回归直线，在散点图 6.2 上这些数据点的中间，与这些数据点总的来说比较接近，因而就在喷发持续时间与到下一次喷发的间隔时间之间建立了回归模型：

$$到下一次喷发的间隔时间=a\times喷发持续时间+b\pm误差$$

这个回归模型特称为“到下一次喷发的间隔时间”关于“喷发持续时间”的线性回归模型，简称回归模型。

可以应用 Excel 软件估计 a 和 b 值。显然，这个定量方法是一种客观的判断方法。其推导过程需要应用统计分析的理论和方法，本书从略。

回归方程

预测问题的第 3 步工作是计算回归方程。对我们所讨论的美国黄石国家公园间歇喷泉的例子而言，只要把斜率 a 和截距 b 估计出来，那就得到了回归直线。启动 Excel 中文版“插入”菜单上的“函数”命令就可以计算斜率 a 和截距 b。此外，我们也可以输入某个函数的名称及其计算要求直接进行计算。直接计算的步骤如下：

1）建立数据文件，例如将表 6.1 的喷发持续时间（x）的数据放在 A 列的第 1 至第 107 个单元格，到下一次喷发的间隔时间（y）的数据放在 B 列的第 1 至第 107 个单元格；

2）在其他任意一个单元格上输入：“= slop（b1：b107，a1：

a107)”，然后确定，则得斜率（Slope）a＝10.74097；在其他任意另一个单元格上输入：“＝intercept（b1:b107，a1:a107）”，然后确定，则得截距（Intercept）b＝33.82821。必须注意的是首先输入待预报的因变量：到下一次喷发的间隔时间（y）的数据 b1:b107，然后输入可观察的自变量：喷发持续时间（x）的数据 a1:a107。输入的次序不能颠倒。严格地说，斜率 a＝10.74097 和截距 b＝33.82821 是根据 1978 年 8 月 1 日至 8 月 8 日清晨 8 时至午夜的 107 对观察数据（见表 6.1）计算得到的，它并不是斜率 a 和截距 b 的真正的值。倘若我们在另外的时间再进行观察，则由此计算得到的斜率 a 和截距 b 的值极有可能与 a＝10.74097 和 b＝33.82821 不一样大。因而 a＝10.74097 和 b＝33.82821 应称为是，根据 1978 年 8 月 1 日至 8 月 8 日清晨 8 时至午夜的 107 对观察数据计算得到的斜率 a 和截距 b 的估计值，简称估计值或估计。估计值与真正的值有偏差。估计的精度如何是一个非常令人感兴趣的问题。根据统计理论和方法计算得到的斜率 a 和截距 b 的估计值，其偏差是可以控制的，且随着我们观察次数越来越多，估计的精度将越来越高。

有了斜率 a 和截距 b 的估计，我们就有了回归直线：

$$\text{到下一次喷发的间隔时间} = 10.74097 \times \text{喷发持续时间} + 33.82821$$

图 6.3 上的这条直线就是根据这个回归直线画出来的。

有了回归直线，我们就能根据喷发持续时间的观察值预测到下一次喷发的间隔时间，其预报值就是：

$$\begin{matrix}\text{到下一次喷发的}\\ \text{间隔时间的预报值}\end{matrix} = 10.74097 \times \begin{matrix}\text{喷发持}\\ \text{续时间}\end{matrix} + 33.82821$$

倘若这一次喷发持续 3 分钟，将它代入回归直线，由于

$$10.74097 \times 3 + 33.82821 = 66.05112$$

故预报下一次喷发大概在 66.05112 分钟后发生。这说明喷发持续 3 分钟时，到下一次喷发的间隔时间可能超过 66.05112 分钟，有正误差；也可能不到 66.05112 分钟，有负误差；其平均为 66.05112 分钟。这也就是说，喷发持续 3 分钟时到下一次喷发的间隔时间在 66.05112 分钟的上下波动。回归方程得到预报值之后，下一步的工作就是讨论波动的幅度，误差的范围有多大，也就是预报的精度有多大。

预测问题的第 4 步工作是给出预测误差和概率。这项工作关系到预测的可信程度，很重要。如果使用 Excel 的数据分析功能就可以比较快地完成这项工作，其步骤简要叙述如下：

输入数据→工具→数据分析→回归

很快地完成固然好，但如果慢慢来你就可以看到思考过程的自然、流畅和奥秘。此外，若使用 Excel 的数据分析的回归功能，则将输出 3 张表，每张表都有很多内容。要理解这么多的内容不是一件容易的事。况且这么多内容中的一个才与预测误差和概率有关，但还需稍微再作一些计算，才能计算出预测误差和概率。正因为考虑到这些原因，本书将使用 Excel 的计算功能，把预报问题的第 4 步工作，给出预测误差和概率，分成以下 3 个步骤来完成：

1)计算残差；

2)计算残差的均方与残差均方的平方根；

3)计算预测误差和概率。

残差

预测问题的第 4 步工作“给出预测误差和概率”中的第 1 个步骤是计算残差。表 6.1 所列的第 1 对观察值表示，喷发的持续时间是 4.4 分钟，到下一次喷发的间隔时间是 78 分钟。当然，在知道喷发持续时间 4.4 分钟之后，也可以预报下一次喷发大概在多少分钟后发生。所谓残差就是观察值与其预报值的差。显然，残差的大小描述了预报值偏离观察值的程度。

对表 6.1 的第 1 对观察值来说，喷发的持续时间是 4.4 分钟，则根据回归直线：

$$\begin{matrix}\text{到下一次喷发的}\\\text{间隔时间的预报值}\end{matrix}=10.74097\times4.4+33.82821=81.08848$$

由于其到下一次喷发的间隔时间的观察值是 78 分钟，因而第 1 个预报值的残差是 $78-81.08848=-3.08848$。依此类推，我们一共有了 107 个残差，它们都不同程度地描述了预报值偏离观察值的程度。这些残差的值有正有负，例如第 1 个残差 $-3.08848<0$，而对表 6.1 的第 5 对观察值来说，喷发的持续时间是 3.5 分钟，到下一次喷发的间隔时间的观察值是 80 分钟，其预报值为 $10.74097\times3.5+33.82821=71.42161$，第 5 个残差为：

$$80-(10.74097\times3.5+33.82821)=8.57840>0$$

由于第 5 个残差比第 1 个残差的绝对值大，所以第 5 个预报值与观察值的偏离程度大，第 1 个预报值与观察值的偏离程度小，见图 6.5。

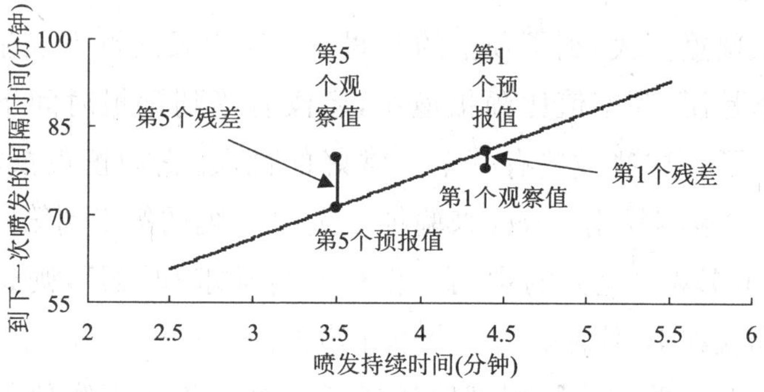

图 6.5　第 1 个和第 5 个预报值关于观察值的偏移

应用 Excel 很容易计算预报值和残差，其步骤如下：

1)建立数据文件，例如将表 6.1 的喷发持续时间(x)的数据放在 A 列的第 1 至第 107 个单元格，到下一次喷发的间隔时间(y)的数据放在 B 列的第 1 至第 107 个单元格；

2)根据回归直线，在 C 列的第 1 个单元格上输入“=10.74097 * a1+33.82821”，然后确定，即得第 1 个预报值 81.08848。在 D 列的第 1 个单元格上输入“=b1−c1”，然后确定，即得第 1 个残差 −3.08848。注意：这里的“b1”和“c1”中的“1”是数字 1，而不是英文字母 l，它分别表示 B 列和 C 列的第 1 个单元格。

3)选中 C 列和 D 列的第 1 个单元格，然后从 D 列第 1 个单元格的右下角起用鼠标下拉，一直拉到 D 列第 107 个单元格，则在 C 列的第 2 到第 107 个单元格上依次是第 2 到第 107 个预报值，D 列的第 2 到第 107 个单元格上依次是第 2 到第 107 个残差。

残差的均方和残差均方的平方根

预测问题的第 4 步工作“给出预测误差和概率”中的第 2 个步骤是计算残差的均方与残差均方的平方根。107 个残差依次在 D 列的第 1 到第 107 个单元格上。残差有正有负。正残差意思是说，观察值比预报值大，到了预报的时间下一次喷发还没有发生。而负残差意思是说，观察值比预报值小，还没有等到预报时间下一次喷发就发生了。这些残差有一个非常好的性质，它们正负抵消，其和等于 0。这很容易用 Excel 来验证。选中 D 列的第 1 到第 107 个单元格，点击 Excel 上方的常用工作栏的自动求和“Σ”，则这 107 个残差的和就在 D 列的第 108 个单元格上。

每一个残差都不同程度地描述了预报值关于观察值的偏离程度，残差的绝对值越大，则该预报值偏离观察值的程度就越大。接下来的问题就是如何将它们描述的偏离程度综合在一起。由于残差有正有负，所以很自然地将残差平方，都变成正的。然后计算这 107 个残差的平方和。人们通常用残差的平方和描述预报的精度。应用 Excel 很容易计算残差的平方和，其步骤如下：

1)在 E 列的第 1 个单元格上输入"＝d1^2"，然后确定，即在 E 列的第 1 个单元格上得到第 1 个残差的平方 9.53870；

2)选中 E 列的第 1 个单元格，然后从 E 列第 1 个单元格的右下角起用鼠标下拉，一直拉到 E 列第 107 个单元格，则在 E 列的第 2 到第 107 个单元格上依次是第 2 到第 107 个残差的平方；

3)选中 E 列的第 1 到第 107 个单元格，点击 Excel 上方的常用工作栏的自动求和"Σ"，则这 107 个残差的平方和 4689.01411 就在 E 列的第 108 个单元格上。

可能大家会说，残差有正有负，我们也可以取残差的绝对值，让它们都变成正的。人们发现，平方运算用起来方便，它有许多良好的统计性质，而绝对值就没有平方运算简单。正因为如此，人们通常取平方运算，而不取绝对值运算。是否容易处理和应用是非常重要的事，它关系到一个方法能否推广应用能否被人接受。正如通常人们所说的，越是简单的越好。所谓简单很大程度上就是看是否方便。

用残差的平方和描述预报的精度虽合乎常理，但有疑问。这好比某学校某年级有好几个班级，为比较这几个班级的某一次数学考试的成绩，能不能计算各个班级所有学生的数学考试分数的总和，然后说总分高的班级的数学考试考得好。这样做显然会招来非议，因为各个班级的学生不一样多。大家都会说，用平均分的高低来比较考试成绩比较恰当。与此相类似地，我们对残差的平方和取平均。现已算得 107 个残差的平方和为 4689.01411。必须提请大家注意的，这 107 个残差的平方和的平均并不是将和 4689.01411 除

以107,而是除以105:

$$残差平方和的平均=\frac{残差平方和}{残差个数-2}$$

考虑到这107个残差的平方和4689.01411已显示在E列的第108个单元格上,故我们在例如F列的第108个单元格上输入"=e108/105",然后确定,即得这107个残差平方和的平均为44.65728。通常称为平方和的平均为均方(Mean Square,简写为MS)。44.65728就称为是残差的均方(MS)。人们通常用残差的均方描述预报的精度。

提请大家注意,到下一次喷发间隔时间的观察值的单位是分钟,预报值和残差的单位也是分钟,但残差平方和,以及残差均方的单位是分钟^2(分钟的平方,即分钟×分钟)。因而真正用来描述预报精度的是残差均方的平方根。考虑到这107个残差的均方44.65728已显示在F列的第108个单元格上,故我们在例如G列的第108个单元格上输入"=sqrt(f108)",然后确定,即得这107个残差均方的平方根为6.68261。与残差的均方一样,残差均方的平方根也可用来描述预报的精度。

有关预报值、残差、残差平方和、残差均方和残差均方平方根的计算见图6.6。

残差均方平方根称为是因变量y关于自变量x的标准误(Standard error)。启动Excel中文版"插入"菜单上的"函数"命令就可以计算y关于x的标准误。此外,我们也可以输入函数名直接进行计算。首先建立数据文件,例如将表6.1的喷发持续时间(x)的数据放在放在A列的第1至第107个单元格,到下一次喷发的间隔时间(y)的数据放在B列的第1至第107个单元格。然后在其他任意一个单元格上输入:"=steyx(b1:b107,a1:a107)",然后确定,则得y关于x的标准误,也就是残差均方平方根等于

喷发持续时间的观察值
到下一次喷发间隔时间的观察值
到下一次喷发间隔时间的预报值
残差
残差平方

	A	B	C	D	E	F	G	…
1	4.4	78	81.08848	−3.088478	9.53869636			
2	3.9	74	75.71799	−1.717993	2.95149995			
⋮	⋮	⋮	⋮	⋮	⋮			
107	4.1	79	77.86619	−1.133813	1.28553192			
108				0	4689.01411	44.6572772	6.68261	
⋮	⋮	⋮	⋮	⋮	⋮	⋮	⋮	…

残差之和　残差平方和　残差均方　残差均方平方根

图 6.6　利用 Excel 计算预报值、残差、残差平方和、残差均方和残差均方平方根

6.68261。提醒大家必须注意的是首先输入待预报的因变量的数据 b1:b107,然后输入可观察的自变量的数据 a1:a107。输入的次序不能颠倒。

计算预报误差

预测问题的第 4 步工作“给出预测误差和概率”中的第 3 个步骤是计算预测误差和概率。上一章 § 5.3 节我们说,人的身高的分布都有这样的趋势,长得很高和很矮的都是少数,多数是中间状态,从中间往两头看,长得高和长得矮的比例基本相等,且两头的比例越来越小。因而可以用钟形对称的图形描述人的身高的分布(见上一章图 5.6)。人们通过对误差的观察,发现误差的分布有和身高分布相类似的性质:

- 误差的平均大小等于 0。
- 误差的值在 0 的附近比较多,正负两边逐渐减少,正的误差与负的误差基本上一样多,两头的比较少。

由此看来,误差的分布可以用以 0 为对称中心的钟形对称的图形来描述。

表 6.3 给出了有关“标准”的钟形对称图形的几个数,而图 6.7 说明了它们的含义。记住这些数,这对于在利用回归方程进行预报时计算误差与概率十分有用。

表 6.3　概率和系数

概率	系数
80%	1.2816
90%	1.6449
95%	1.9600
99%	2.5758

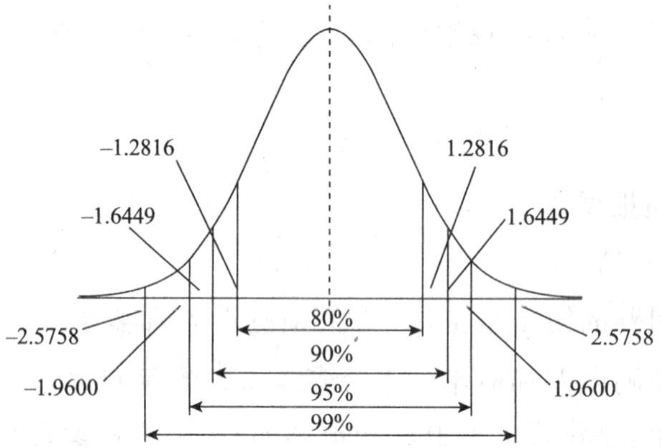

图 6.7　钟形对称的图形

图 6.7 告诉我们,表 6.3 的这些数有这样的含义:(对于“标准”的钟形对称的图形而言)

- 它在−1.2816 与 1.2816 之间的概率(比例)为 80%;
- 它在−1.6449 与 1.6449 之间的概率(比例)为 90%;
- 它在−1.9600 与 1.9600 之间的概率(比例)为 95%;
- 它在−2.5758 与 2.5758 之间的概率(比例)为 99%。

大家肯定要问，什么是标准的钟形对称的图形，简单直观地理解，它就是 1 个单位的钟形对称的图形。对于美国黄石国家公园间歇喷泉的预报问题而言，由于它的残差均方平方根（y 关于 x 的标准误）为 6.68261，不等于 1，所以它的预报误差的分布可以用 6.68261 个单位的钟形对称的图形来描述。因而到下一次喷发的间隔时间的预报误差有以下一些结论：

• 预报误差在－1.2816×6.68261 与 1.2816×6.68261 之间的概率（比例）为 80%；

• 预报误差在－1.6449×6.68261 与 1.6449×6.68261 之间的概率（比例）为 90%；

• 预报误差在－1.9600×6.68261 与 1.9600×6.68261 之间的概率（比例）为 95%；

• 预报误差在－2.5758×6.68261 与 2.5758×6.68261 之间的概率（比例）为 99%。

经计算 1.2816 × 6.68261 ＝ 8.56443，1.6449 × 6.68261 ＝ 10.99223，1.9600 × 6.68261 ＝ 13.09792，2.5758 × 6.68261 ＝ 17.21307。因而有下面的预报计算公式。

美国黄石国家公园间歇喷泉的预报问题

美国黄石国家公园间歇喷泉，根据这一次喷发的持续时间，预报下一次喷发的间隔时间的计算公式如下：

到下一次喷发的间隔时间的预报值＝(10.74097×这一次喷发持续时间＋33.82821)±8.56443 分钟，概率 80%；

到下一次喷发的间隔时间的预报值＝(10.74097×这一次喷发持续时间＋33.82821)±10.99223 分钟，概率 90%；

到下一次喷发的间隔时间的预报值＝(10.74097×这一次喷发

持续时间+33.82821)±13.09792 分钟,概率 95%;

到下一次喷发的间隔时间的预报值=(10.74097×这一次喷发持续时间+33.82821)±17.21307 分钟,概率 99%。

至此,美国黄石国家公园间歇喷泉的,根据这一次喷发持续时间预报到下一次喷发的间隔时间的问题就得到了解决。由此预报计算公式可以看到,概率(可信度)越大,误差也越大;上下误差不大可能超过 17 分钟,超过的可能性约只有 1%。概率(可信度)能达到 95%,公认可以了,所以通常说预报误差小于 13 分钟。

归纳总结预测问题的第 4 步工作“给出预测误差和概率”的 3 个步骤,这第 4 步工作实际上就做了下面的一些计算:

1)残差=观察值-预报值;

2)残差的均方$=\dfrac{\text{残差平方和}}{\text{残差个数}-2}$;

3)预报误差例如不超过 1.9600×(残差均方平方根)的概率为 95%。

上述的两项计算可合并为一项计算,利用 Excel 的函数命令“steyx”直接计算残差均方平方根,也就是 y 关于 x 的标准误。

除了身高和误差,还有很多变量的分布都可以用钟形对称的图形来描述。人们从钟形对称的图形概括出非常有用的正态分布。事实上,表 6.3 的这些有关“标准”的钟形对称图形的数,是根据“标准”正态分布而得来的。要真正深入理解统计,必须学习正态分布和其他一些常用分布。本书限于篇幅,关于分布的介绍从略。读者欲想了解这方面的知识可阅读参考文献[18]。

前面说了,使用回归模型进行预测,一般来说有 4 个步骤:收集数据;判断变量之间有没有相关性;计算回归直线;给出预测误差和概率。可能有人会说,画散点图判断变量之间有没有相关性这一项步骤可否简化省略。有了数据马上直接计算斜率和截距,计算预报误差和概率，这样岂不很快就得到了预报的计算公式。这样的做法是有问题的。这样做，我们就可以在任意两个变量之间计算回归直线，根据一个变量的数值来预报另一个变量的数值。倘若这两个变量没有丝毫的相关性，这样建立的预报计算公式会有什么意义。画散点图判断变量之间有没有相关性这一项步骤不可简化省略。只有当变量之间有了相关性之后，预报才有意义。此外，画散点图还可以用来发现数据中有没有例如异常数据等。总之，画散点图判断变量之间有没有相关性这一项步骤不可省略。

使用回归模型进行预测，除了上述 4 个步骤之外，还有一个很重要的工作我们没有讨论，那就是对所建立的回归直线进行检验。这方面的详细内容读者可参阅参考文献[19]和[20]。

沸点与气压的 Forbes 公式

19 世纪四五十年代，苏格兰物理学家 James D. Forbes 的理论认为水的沸点(F)与气压(Q)有这样的关系：

Forbes 公式：$Q=\alpha e^{\beta F}$，　其中参数 α 和 β 是两个正数。

这个公式给出了气压 Q 和沸点 F 之间的确定性关系。显然，它们之间并不是直线关系，而是指数曲线关系。它告诉我们气压 Q 越高沸点 F 也越高。众所周知，山上的气压比平地低，所以山上水的沸点比平地上水的沸点 100℃低，山越高沸点就越低。

在 19 世纪四五十年代人们难以将精密的气压计运输上山，所以计算海拔高度不是一件容易的事。有了 Forbes 公式之后，人们就通过测量沸点，运用该 Forbes 公式计算出气压。然后根据气压计算海拔高度。因而在 Forbes 公式中沸点 F 看成自变量，气压 Q 看成因变量。为运用 Forbes 公式首先得有 α 和 β 的数值。为此

Forbes 在阿尔卑斯山及苏格兰高地等处测量沸点与气压。表 6.4 列举了他在 $n=17$ 个地方的测量数据，沸点的单位是摄氏，气压的单位是毫米汞柱。表 6.4 数据摘自参考文献[19]第 1 章表 1.1。

表 6.4　沸点与气压

沸点 F	气压 Q	沸点 F	气压 Q	沸点 F	气压 Q
90.28	528.066	93.83	606.806	98.61	723.646
90.17	528.066	93.94	609.346	98.11	705.104
92.17	568.960	94.11	610.108	99.28	737.616
92.44	575.818	94.06	609.854	99.94	758.952
93.00	588.010	95.33	638.556	100.11	763.524
93.28	593.090	95.89	674.878		

第 1 和第 2 个观察值(案例)的因变量气压都是 528.066(毫米汞柱)，但第 1 个观察值的自变量沸点的值是 90.28(℃)，第 2 个却与之不同，沸点是 90.17(℃)。相同的气压有不同的的沸点。这说明存在误差。Forbes 公式描述了理想状态下沸点与气压的关系。而实际情况偏离了理想状态，因而实际观察数据有误差。误差与很多因素有关。它可能与空气的湿度不同，风力不同，烧水的器皿与人的掌控程度有差异等有关。既然有误差，我们就把它看成是一个回归问题：根据表 6.4 的数据估计 Forbes 公式中的参数 α 和 β。

Forbes 公式中的自变量沸点 F 和因变量气压 Q 之间的关系并不是直线关系，而是指数曲线关系。这是一个指数回归问题。解决这个问题的方法就是把它变换成线性回归问题。为此在 Forbes 公式的两边取自然对数，即 $\ln(Q)=\beta F+\ln(\alpha)$。考虑到随机误差的影响，所以对表 6.4 这 17 个观察值(案例)来说，就是自变量为 F 与因变量为 $\ln(Q)$ 的线性回归模型：

$$\ln(Q)=\beta F+\ln(\alpha)\pm 误差$$

β 是它的斜率，$\ln(\alpha)$ 是截距。取气压 Q 的自然对数，从而将表 6.4 拓展为表 6.5。

表 6.5　沸点、气压与气压的对数

沸点 F	气压 Q	气压的对数 $\ln Q$	沸点 F	气压 Q	气压的对数 $\ln Q$
90.28	528.066	6.2692	94.06	609.854	6.4132
90.17	528.066	6.2692	95.33	638.556	6.4592
92.17	568.960	6.3438	95.89	674.878	6.5145
92.44	575.818	6.3558	98.61	723.646	6.5843
93.00	588.010	6.3767	98.11	705.104	6.5583
93.28	593.090	6.3853	99.28	737.616	6.6034
93.83	606.806	6.4082	99.94	758.952	6.6319
93.94	609.346	6.4124	100.11	763.524	6.6379
94.11	610.108	6.4136			

将水的沸点(F)看成自变量，气压(Q)的对数($\ln Q$)看成因变量，根据表 6.5 中变量 F 和 $\ln Q$ 的数据，使用 Excel 的数据分析功能，不难得到截距 $\ln(\alpha)$ 的估计为 2.9228，斜率 β 的估计为 0.03713。

有了截距和斜率的估计之后，就得到了水的沸点(F)与气压(Q)的对数($\ln Q$)之间的回归直线为

$$\ln Q=2.9228+0.03713\cdot F$$

从而有 Forbes 公式

$$Q=e^{2.9228+0.03713\times F}=18.5933\cdot e^{0.03713\times F}$$

这说明，Forbes 公式中的参数 α 的估计为 $e^{2.9228}=18.5933$，β 的估计 0.03713。由 Forbes 公式的例子可以看到，用回归方法分析实

验观察数据是非常有效的。

图 6.8 左边是沸点 F 与气压 Q 的散点图，以及指数函数 $Q=18.5933 \cdot e^{0.03713\times F}$的图形。由此看来，气压 Q 是沸点 F 的指数函数。图 6.8 右边是沸点 F 与气压的对数 $\ln Q$ 的散点图，以及直线 $\ln Q=2.9228+0.03713 \cdot F$。它告诉我们，气压的对数 $\ln Q$ 是沸点 F 的线性函数。

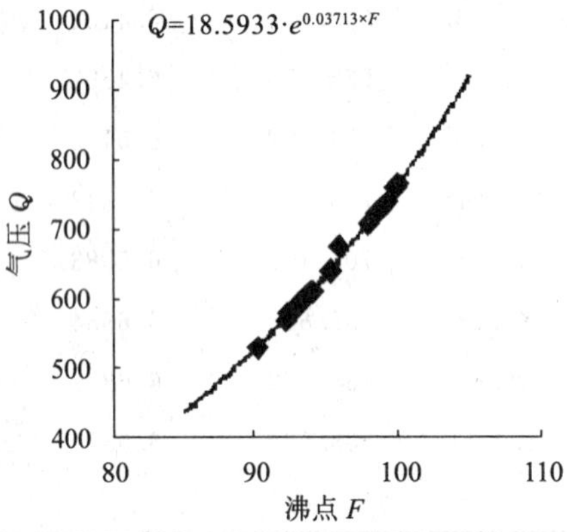

图 6.8(左)　沸点 F 与气压Q

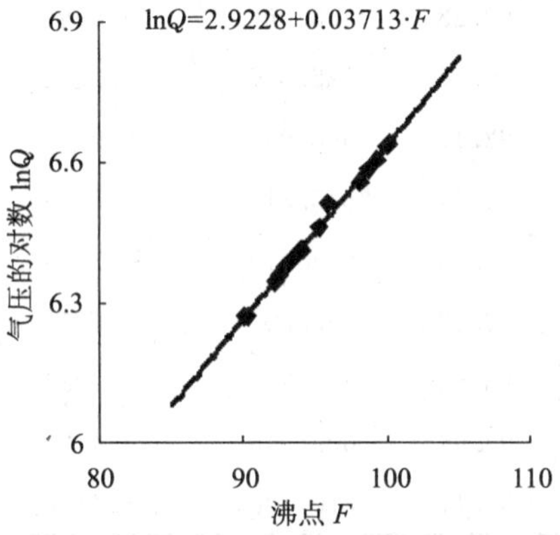

图 6.8(右)　沸点 F 与气压的对数 $\ln Q$

§6.3　相关关系与因果关系

美国黄石国家公园间歇喷泉的喷发持续时间与到下一次喷发的间隔时间之间有正直线相关关系，这是否说明它们之间有因果关系？一般来说，相关关系并不意味着因果关系。在我们发现两个变量之间有相关关系之后，必须注意以下四种情况。

发现相关关系之后必须注意的四种情况

情况 1. 这两个变量之间其实是没有相关关系的。我们只是偶然发现他们是相关的。这种情况往往发生在样本容量比较小的时候。我们应该增加样本容量，再次研究他们之间究竟有没有相关关系。

情况 2. 这两个变量之间存在着因果关系，但难以确定哪一个变量是原因，哪一个变量是结果。例如倘若歇喷泉的喷发持续时间与到下一次喷发的间隔时间之间有因果关系，那么是因为喷发持续时间长导致地下水少了，因而使得到下一次喷发的间隔时间变长，还是因为喷发的间隔时间长导致地下水多了，因而使得下一次喷发持续时间变长。

情况 3. 在这两个变量之间存在因果关系时，因果关系不能颠倒。例如健康的人通常会有足癣，而有病的人却常常没有足癣。但如果得出这样的结论："因为有了足癣人就健康"，其实是不对的。事实是，当某人发高烧时，他的身体热得霉菌受不了，患病发热对霉菌的生长不利。同时由于生病时人往往躺在床上，不穿鞋袜，脚局部通风良好，这对霉菌的生长也不利。所以是"因为生病所以没有了足癣"，并不是"因为没有足癣所以生病"。因果关系不能颠倒。

将相关关系进一步辨识为因果关系是很有意义的一件事。2008 年诺贝尔医学奖授予德国科学家哈拉尔德·楚尔·豪森及两名法国科学家弗朗索瓦丝·巴尔一西诺西和吕克·蒙塔尼。豪森的获奖成就是发现了人乳头状瘤病毒（HPV），并且他利用分子生物学方法证明了该病毒的致癌机理，它是导致女性第二常见癌症——宫颈癌的罪魁祸首。正因为豪森开创性的工作，发现了人乳头状瘤病毒（HPV），并证明了它与宫颈癌有因果关系，所以目前已开发出预防宫颈癌的 HPV 疫苗，造福人类。要证明某种病毒与癌症之间的直接因果关系是相当困难的。例如现在只能说乙肝病毒与肝癌高度相关，尚没有证明两者之间有必然的因果关系。否则人类就可以开发出预防肝癌的疫苗了。

情况 4. 存在着第三个变量的影响,它与这两个变量都有关系。例如对在校的所有的低年级和高年级的儿童,都记录下他所穿的鞋的尺寸以及他语文阅读能力的成绩,你会发现鞋的大小与语文阅读能力强烈地正相关。难道学会的新词越多,他的脚就变得越大。或者说,有一个办法使得儿童学会更多的新词,那就是想办法使得他的脚变大。事实上这个问题涉及第三个变量,那就是年龄。年龄大了,阅读得更好而且由于长大而穿不下原来的鞋。这三个变量的关系如图 6.9 所示。

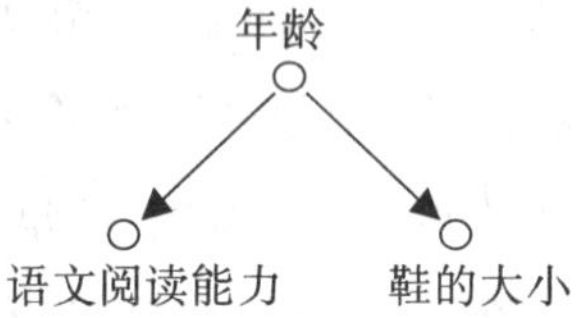

图 6.9　年龄与语文阅读能力,以及鞋的大小的关系

年龄这个变量就是第 2 章 §2.3 节所说的鞋的大小与语文阅读能力这两个变量之间的混杂因素。正由于年龄的混杂才使得鞋的大小与语文阅读能力这两个变量强烈地正相关。第 2 章 §2.3 节说了控制混杂因素是判断某个变量是不是混杂因素的一个常用的方法。对于我们所讨论的这个问题,所谓控制混杂因素就是看相同年龄的儿童,或者说同一年级的儿童,看他们鞋的大小与语文阅读能力有没有正相关的关系。我们发现对同一年级儿童来说,鞋的大小与语文阅读能力就没有什么关系了。

至此我们有了第 2 章 §2.3 节所说的辛普森悖论的又一个例子:如果将不同年龄的儿童聚合在一起,鞋的大小与语文阅读能力正相关。而如果将儿童按年龄分组,相同年龄的儿童,其鞋的大小与语文阅读能力没有关系。显然,后一句话在理。

吸烟危害人体健康

1927 年英国医生 F·E·泰勒博士说他所看到的肺癌患者几乎都是经常抽烟(通常是抽纸烟)。1936 年阿尔金博士和瓦格纳博士说 135 位男性肺癌患者中 90%是嗜烟者。这些数据醒目地告诉我们肺癌患者中吸烟的比例很高，但吸烟者尤其是严重吸烟者很自然地会说，有很多吸烟的人没有生肺癌。看来，除了观察肺癌患者中吸烟的比例，还得研究吸烟者患肺癌的可能性有多大。

吸烟者患肺癌的可能性有多大

有比较才能鉴别，因而除了观察肺癌患者中吸烟的比例，还需观察对照组，也就是非肺癌患者中吸烟的比例。这实际上是第 2 章所说的调查，分别对肺癌患者和非肺癌患者进行调查，调查他们有没有吸烟。由于这是在人们发病或死亡之后才去调查，因而难免有人会夸大肺癌患者的吸烟情况。为此人们建议换一个角度去思考，首先调查有没有吸烟习惯，然后跟踪观察吸烟者与不吸烟者，看他们若干年之后有没有患肺癌，从而了解吸烟者患肺癌的可能性有多大。显然这样的研究比发病或死亡之后才进行的调查研究更有说服力。下面列举有关“吸烟者患肺癌的可能性有多大”的三项研究。

第一项是 1938 年美国约翰斯·霍普金斯大学著名医学统计学家雷蒙德·珀尔基于连续几年详细记录的巴尔的摩地区千百户家庭的健康情况的数据，分别编制的男性忌烟者、轻度吸烟者与严重吸烟者的生命表。根据这份生命表，男性忌烟者，轻度吸烟者与严重吸烟者的生存率与年龄的关系见图 6.10(摘自参考文献[1]的第一部分的第二节疾病与死亡的第一篇文章的图 1)。图 6.10 表明,20 世纪 40 年代 65%的忌烟者可以活到 60 岁,而严重吸烟者活到 60 岁的只有 45%;在 30～90 岁的各个年龄,男性忌烟者的存活率比轻度吸烟者都要高,而轻度吸烟者的存活率又比严重吸烟者都要高。

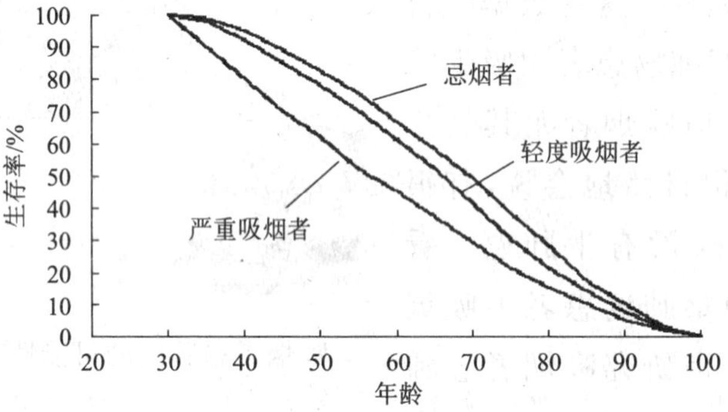

图 6.10　男性忌烟者、轻度吸烟者与严重吸烟者的生存率

下面的第二项和第三项研究是在 20 世纪 50 年代进行的。第二项研究是两位英国医生发了 6 万多份调查表,回收 4 万多份。然后由国家人口登记处了解数年之后这些人的健康与存活情况。研究结果表明吸烟者患肺癌的比例比不吸烟的大得多。他们的数据还进一步表明:严重吸烟者的年死亡率是 1.66‰,是忌烟者的 0.07‰的 24 倍。对死亡原因的分析表明,吸烟对心脏和血液系统的影响会导致人过早死亡。

第三项研究是两位美国统计学家得到 2.2 万妇女的协助。每个妇女挑选 10 个 50～60 岁的健康男性,并每年汇报各个男性的身体情况。4 年之中 2 万个男性中有 1.2 万人死亡。他们的研究证实了上述两位英国医生的研究发现。这两位美国统计学家报道说,严重吸烟者的肺癌患病率是忌烟者的 23.4 倍,而且心脏和血液系统患病率严重吸烟者是忌烟者的1.57倍。他们的研究进一步表明，心脏和血液系统疾病是吸烟者死亡的一个重要的原因。

如果烟草正如这些研究结果所说的那样有众多的危害，那就该早就禁止吸烟了，其实不然。这是因为与其说吸烟对人体健康的影响是一项研究，不如说这是一项争论。20世纪50年代在好多人的日常生活中香烟深受欢迎不可一日分离，并且烟草工业是很多国家与地区的经济命脉，与之相关的工业例如运输业、商业、广告业等又为成千上万的劳动力提供了就业机会。2002年3月11日《21世纪经济报道》有一篇文章说，中国目前的财政收入的10%以上来自烟草业，1亿人的收入和生活与烟草直接关联。为此人们感到，倘若轻率地禁止吸烟，那就干预了人们的私生活，扰乱了国民经济，从而造成巨大的损失。正因为大家看到禁烟一旦有误将有严重的后果，所以总有人，特别是烟草公司对吸烟影响人体健康的研究方法的科学性提出异议，一直有争辩，不断的有人提出异议。下面是虚构的一场有关是否要禁止吸烟的辩论。

• 正方的观点：有充分的证据证明，吸烟危害人体健康；

• 反方的观点：还没有充分的证据证明，吸烟危害人体健康。

• 正方：跟踪观察表明，吸烟的肺癌患者多，所以吸烟危害人体健康。

是否要禁止吸烟的辩论

• 反方：倘若这些吸烟者不吸烟，他们得肺癌的是否一定也多？

• 正方：跟踪观察表明，不吸烟的肺癌患者少，所以这些吸烟者倘若不吸烟的话，他们得肺癌的一定会少得多。

• 反方：不一定，吸烟的与不吸烟的人，除了一个吸烟一个不吸烟之外，他们还可能有其他的不同，例如一个爱吸烟一个不爱吸烟。因而“吸烟者倘若不吸烟”与“原本就不吸烟的”很可能有很大的不同。由此可见，我们不能这样说：“由于原本不吸烟的肺癌患者少，所以吸烟者倘若不吸烟肺癌患者也少。”

总之，反方认为，跟踪观察表明，吸烟的肺癌患者多，不吸烟的肺癌患者少，所以吸烟危害人体健康，这样的对照比较并不是对等条件下的对照比较。

由于禁止吸烟这件事影响太大了，因而只有在有了充分的证据之后，我们才能说吸烟危害人体健康。由此看来，反方提出的理由是有道理的。学术争论须心平气和，畅所欲言。争论的结果只会是越争越明，有利发展。是否要禁止吸烟的争论，最后的结果不仅是大家在禁烟这个问题上达到共识，同时为研究这个问题而引起的科学方法论的争辩提高了人类研究例如公害问题的科技水平。

费歇尔的设想与啤酒肚问题

在对吸烟危害人体健康提出异议的人中就有统计学家，例如著名英国统计学家费歇尔就提出了这样的设想（见图 6.11），有没有这样的遗传因素（基因），有这种基因的人天生爱好吸烟，也容易得病例如肺癌。对于有这种基因的人，即使他戒烟，他仍然很有可能患肺癌。

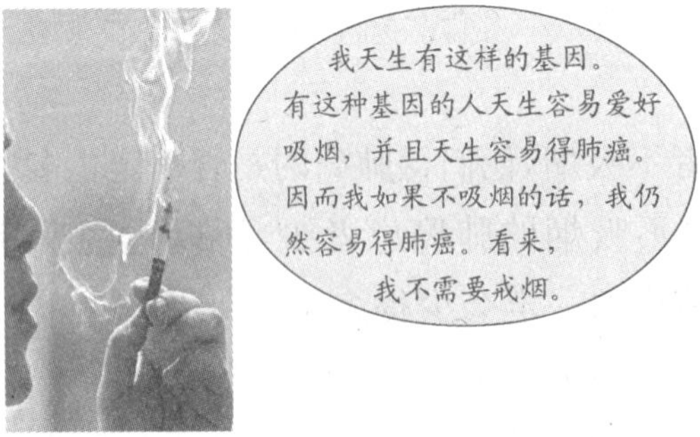

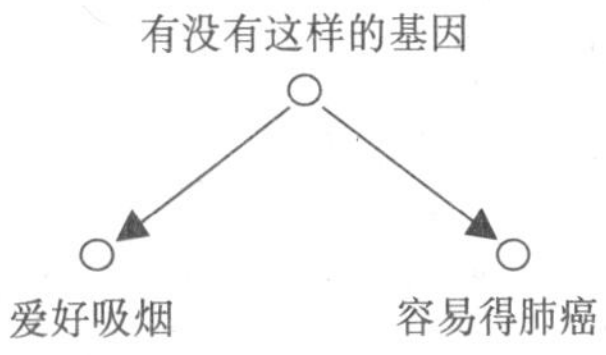

图 6.11　费歇尔的设想

费歇尔的设想与图6.9所描述的年龄与语文阅读能力，以及鞋的大小的关系相类似。倘若设想成立，存在使人天生爱好吸烟又天生容易得病的基因，即使某人戒了烟，但由于这个基因还在，他还是容易得肺癌，因而不能认为吸烟危害人体健康。在费歇尔看来，吸烟的人容易得病，很可能是由于基因这个混杂因素的作用而造成的。费歇尔的这个想法是有道理的，看下面的啤酒肚问题。

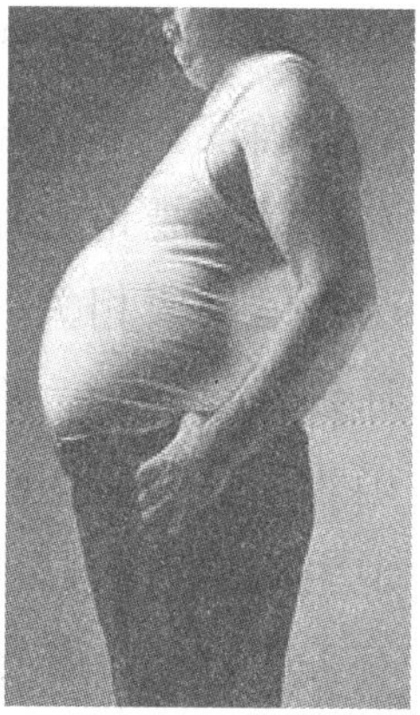

啤酒肚与喝啤酒

所谓“啤酒肚”就是肚腩凸起。顾名思义，这是由于喝啤酒而引起的。事实上，这仅仅是人们凭经验产生的对啤酒的认识。据2009年7月6日新华社电，德国与瑞典的研究人员对7876名男性和12749名女性的平均长达8年的跟踪研究发现，“啤酒肚”与男性的遗传基因有关，就像女性肥胖从臀部开始一样，男性的脂肪大部分会储存于腹部。此外，英国伦敦大学学院博巴克博士与捷克布拉格临床和实验医学院的研究人员2007年发表的论文也提出“啤酒肚”是基因造成的，而与喝啤酒多少并没有多大关系。一杯啤酒的热量仅为150卡路里，脂肪也只有0.3克，而且啤酒含有蛇麻子等物质，还可以降低得心脏病、糖尿病的发病率。因此，一天喝一杯啤酒没什么问题。研究人员同时也告诫说，爱喝酒的男性想保持体重就得少喝酒，甚至戒酒。

费歇尔为证实他的设想，提出取双胞胎进行试验，让其中的一个吸烟，另一个不吸烟。由于双胞胎的基因相同，所以这样的试验是对等条件下的对照比较。但双胞胎试验没有成功，其原因一方面是很难寻找到大批的愿意接受试验的双胞胎，另一方面是由于证实吸烟危害人体健康的试验对参加试验的人员有可能产生很大的危险。既然在人体上直接试验看来有困难，那就用动物例如狗做间接试验。将狗随机地分为吸烟和不吸烟两个小组。经过很长时间的努力,才让人吸烟的实际情况在实验室充分得到模拟,让狗真实地模拟人的吸烟习惯。在这个随机化实验中,狗出现了几则肺癌病例,吸烟对动物确实有害。同时,科学家对人体和动物分别作了大量试验,研究烟草对人体那些器官系统是否有害。研究表明烟草对肺和血管等确实有害,越是严重吸烟对肺和血管等越是更加有害。烟草不仅与人体健康相关,而且吸烟是肺癌、心血管疾病等的一个病因,直接导致身体伤害。随着研究的不断深入,人们最后统一认识,烟草的确对人体有害,这是因果关系。直到20世纪80年代科学界、政府卫生机构、社会公众才逐步统一认识,人类必须最终消除抽烟恶习。有关吸烟对人体健康影响的详细讨论请见参考文献[6]的第一部分的第二节疾病与死亡的第一篇文章统计学、科学方法与抽烟。

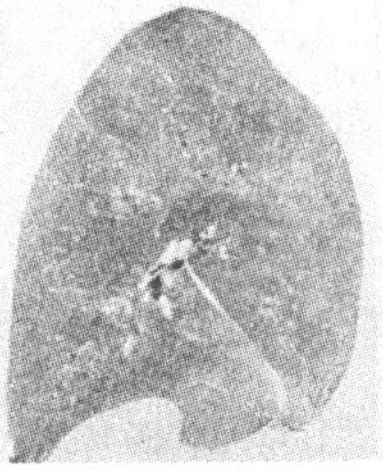

健康的肺

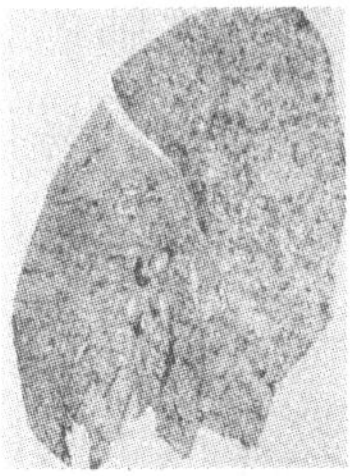

严重吸烟者的肺

吸烟与喝咖啡

就在大家争论吸烟是否危害人体健康的时候,人们还发现肺癌患者中不仅抽烟的人多,经常喝咖啡的人也不少。看来喝咖啡与肺癌之间也有关系。那么能否说喝咖啡导致肺癌。它是否和抽烟一样,都是人类的恶习?如今烟草工业的发展越来越受到遏止,而咖啡却是全世界交易额第二大日用消费品。为什么不禁止喝咖啡这种饮料,那是因为人们发现"肺癌患者中经常喝咖啡的人不少"的原因

咖啡是全世界交易额第二大日用消费品

就在于，喜欢抽烟的人往往也喜欢喝咖啡。正由于肺癌患者几乎都是经常抽烟的，并且喜欢抽烟的人往往也喜欢喝咖啡，所以肺癌患者中经常喝咖啡的人不少。

这样一来，我们就有了第 2 章 §2.3 节所说的辛普森悖论的又一个例子：如果将吸烟的人群和不吸烟的人群合在一起，"得不得肺癌"与"喝不喝咖啡"有关系，喝咖啡得肺癌的可能性比较大。而如果分开来看，无论是在吸烟的人群，还是在不吸烟的人群中，"得不得肺癌"与"喝不喝咖啡"都没有关系。这个辛普森悖论产生的原因如下：

• 吸烟的人群中无论喝还是不喝咖啡，他们得肺癌的可能性相等，都比较大，不吸烟的人群中无论喝还是不喝咖啡，他们得肺癌的可能性也相等，都比较小；

• 由于在吸烟的人群中喝咖啡的人多，而在不吸烟的人群中喝咖啡的人少，所以在整个人群中喝咖啡得肺癌的可能性与不喝咖啡的就不一样大，喝咖啡得肺癌的可能性大，而不喝咖啡得肺癌的可能性小。

喝不喝咖啡、吸不吸烟与有没有得肺癌这三者之间的关系见图 6.12。图中吸烟与肺癌之间的箭头关系表示"吸烟是肺癌的一个病因"这一因果关系。

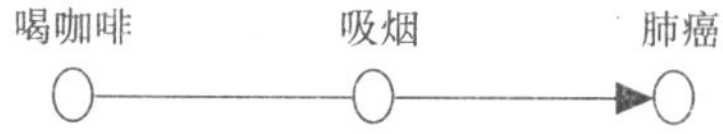

图 6.12　喝咖啡、吸烟与肺癌之间的关系

第 6 章小结

• 相关关系：

1）正相关：当一个变量增加（或减少）的时候，另一个变量同步

有增加(或减少)的趋势;

2)负相关:当一个变量增加(或减少)的时候,另一个变量反之有减少(或增加)的趋势。

- 线性回归模型,简称回归模型:

因变量 $y=a\times$ 自变量 $x+b\pm$ 误差,a 是斜率,b 是截距。

- 使用回归模型进行预测的 4 个步骤:

1)收集数据;

2)画散点图判断变量之间有没有相关性;

3)计算回归方程;

4)给出预测误差和概率。

- 计算回归方程

1)建立数据文件,例如将表 6.1 的喷发持续时间(自变量)的数据放在 A 列的第 1 至第 107 个单元格,到下一次喷发的间隔时间(因变量)的数据放在 B 列的第 1 至第 107 个单元格;

2)在其他任意一个单元格上输入:“=slop(b1:b107,a1:a107)”,然后确定,则得斜率 $a=10.74097$;在其他任意另一个单元格上输入:“=intercept(b1:b107,a1:a107)”,然后确定,则得截距 $b=33.82821$;

3)注意:这里因变量的数据 b1:b107 在先,自变量的数据 a1:a107 在后;

4)回归直线:到下一次喷发的间隔时间=10.74097×喷发持续时间+33.82821;

5)预测:到下一次喷发的间隔时间的预测值=10.74097×喷发持续时间+33.82821。

- 给出预测误差和概率

1)输入:“=steyx(b1:b107,a1:a107)”,然后确定,则得 y 关于 x 的标准误(残差均方的平方根)等于 6.68261;

2)给出预测误差和概率。

预测误差不超过 1.2816×(y 关于 x 的标准误)的概率为 80%；

预测误差不超过 1.6449×(y 关于 x 的标准误)的概率为 90%；

预测误差不超过 1.9600×(y 关于 x 的标准误)的概率为 95%；

预测误差不超过 2.5758×(y 关于 x 的标准误)的概率为 99%。

从而预测：

到下一次喷发的间隔时间＝10.74097×喷发持续时间＋33.82821±8.56443 分钟，概率 80%；

到下一次喷发的间隔时间＝10.74097×喷发持续时间＋33.82821±10.99223 分钟，概率 90%；

到下一次喷发的间隔时间＝10.74097×喷发持续时间＋33.82821±13.09792 分钟，概率 95%；

到下一次喷发的间隔时间＝10.74097×喷发持续时间＋33.82821±17.21307 分钟，概率 99%。

· 相关关系并不意味着因果关系。

各章复习题

第二章复习题

1. 人们发现26个英文字母中，有些字母在文章中比较多见，而有些较为少见。有人对很多的英文文章，通过观察计数得到各个字母的使用频率，见表1。

表1　字母频率(数据来自参考文献[3]的第79页，Letter Frequencies)

字母	频率/%	字母	频率/%	字母	频率/%	字母	频率/%
A	8.2	H	5.3	O	8.0	V	0.9
B	1.4	I	6.5	P	2.0	W	1.5
C	2.8	J	0.1	Q	0.1	X	0.2
D	3.8	K	0.4	R	6.8	Y	2.0
E	13.0	L	3.4	S	6.0	Z	0.07
F	3.0	M	2.5	T	10.5		
G	2.0	N	7.0	U	2.5		

①为什么说对大量的英文文章进行统计，所得到的各个字母的使用频率都是相当稳定的？

②请根据使用频率由高到低的次序排列字母。

③哪一个字母用得最多？哪一个字母用得最少？

④哪一些字母用得比较多？哪一些字母用得比较少？哪一些字母处于中间位置？

注：英文字母使用频率的研究很有意义，例如打字机和计算机键盘中的某个字母的键排在哪一个位置就与该字母的使用频率的高低有关。使用频率高的排在使用方便的地方。

2. 1912 年美国车祸死亡人数为 3100 人。1997 年车祸死亡人数为 4.3 万人。根据这些观察数据能不能说，1997 年美国的交通安全情况比 1912 年坏？为什么？

3. 某校设有心理咨询中心。常有校内学生去中心要求心理咨询。20%的来咨询的学生说他们很压抑，甚至想自杀。心理咨询中心的老师据此推测，我们学校中 20%的学生有自杀的倾向。这样的推测可信吗？为什么？

4. 曾有人观察发现城市郊区环境清洁安静的地方肺结核病人比较多，而在其他地方肺结核病人却比较少。难道生活在环境清洁安静的地方容易得肺结核？如何解释这个现象？

5.（改编自参考文献[4]第 6 章 185 页的 Case）某工厂有三个车间。车间主任分别为王、张和李。过去的一年里，该工厂产品的质量情况的总结见表 2。

表 2　三个车间的产品质量情况的总结

车间主任	产品的质量情况		不合格率/%
	合格产品数	不合格产品数	
王	2491	212	7.84
张	1540	258	14.35
李	666	87	11.55

看来王车间主任负责的车间产品质量最好，而张负责的最差。工厂经理考虑到不同类型产品例如内销和外销产品的质量要求有

所不同,他根据内销和外销将表2分解,得表3。

表3　三个车间的内销和外销产品质量情况的总结

车间主任	类别	产品的质量情况		产品总数
		合格产品数	不合格产品数	
王	内销	2368	131	2499
	外销	123	81	204
张	内销	293	3	296
	外销	1247	255	1502
李	内销	307	12	319
	外销	359	75	434

请分别计算各车间的内销和外销产品的不合格率。有没有发现辛普森悖论?如果发现,请解释它发生的原因。通过这个复习题我们可以看到,产品质量管理不仅要关心“量”,例如合格产品和不合格产品有多少,还要关心“质”,不同类型产品例如内销和外销产品的质量要求有所不同。

6. 1990年第四次人口普查把文化程度分为5类:文盲,小学,初中,高中及中专,大专及大学。在过去的一年里上海市25岁及以上的人中,各类文化程度的居民和死亡人数分别见表4和表5。

表4　各年龄组和各类文化程度的居民人数

年龄/岁	文盲	小学	初中	高中及中专	大专及大学
25～29	11039	73080	515337	573426	126892
30～34	28622	130363	635948	766924	88318
35～39	62091	265754	849124	163206	89555
40～44	53095	255734	387253	175494	97436
45～49	73415	156885	177459	138857	85847
50～54	126260	181365	129127	87539	75622
55～59	221213	248252	155018	75524	52853
60～64	231459	211215	117121	48688	31199
65～69	217238	163334	79529	31860	19345
70～	437539	184104	68014	30327	20128
合计	1418886	1848178	3103189	2087807	685204

表 5　各年龄组和各类文化程度的死亡人数

年龄/岁	文盲	小学	初中	高中及中专	大专及大学
25～29	61	81	373	227	40
30～34	96	172	571	381	24
35～39	128	370	882	111	34
40～44	156	484	585	197	64
45～49	235	459	442	239	123
50～54	573	819	510	281	179
55～59	1512	1815	975	372	205
60～64	2705	2633	1230	391	203
65～69	4282	3467	1430	457	236
70～	33338	11617	3743	1382	883
合计	43086	21917	10741	4038	1991

①计算各年龄组内各类文化程度的死亡率。

②把各年龄组的居民人数和死亡人数合并在一起，计算各类文化程度的死亡率。

③有没有发现辛普森悖论？如果发现，请解释它发生的原因。

7. 调查：单独一人在家是否害怕生人来，对“是否害怕”与“文化程度”(文盲、小学、中学、大专及以上)和“婚姻状况”(未婚、有配偶、离婚、丧偶)有没有关系进行分析。调查结果见表 6(数据摘自研究报告《社会调查问卷的设计及资料分析的建模方法》，陕西省统计局，1991 年)。

①计算不同类型人群的害怕比例，将表 6 的空格中的数填上。

表 6　单独一人在家是否害怕生人来

类　别	人数	不怕人数	害怕人数	害怕比例
文盲、未婚	1	1	0	
文盲、有配偶	13	8	5	
文盲、丧偶	4	2	2	
文盲、离婚	0	0	0	

续表

类　别	人数	不怕人数	害怕人数	害怕比例
小学、未婚	9	6	3	
小学、有配偶	62	36	26	
小学、丧偶	6	3	3	
小学、离婚	0	0	0	
中学、未婚	255	164	91	
中学、有配偶	817	490	327	
中学、丧偶	10	8	2	
中学、离婚	4	2	2	
大专及以上、未婚	53	37	16	
大专及以上、有配偶	187	131	56	
大专及以上、丧偶	0	0	0	
大专及以上、离婚	0	0	0	

②不考虑婚姻状况将表 6 中的数据合成为下面的交叉分组列表 1。

交叉分组列表 1

	不怕人数	害怕人数	害怕比例
文盲			
小学			
中学			
大专及以上			
合计			

③不考虑文化程度将表 6 中的数据合成为下面的交叉分组列表 2。

交叉分组列表 2

	不怕人数	害怕人数	害怕比例
未婚			
有配偶			
丧偶			
离婚			
合计			

④将表6中的数据用另一种形式表示成下面的交叉分组列表3。

交叉分组列表3

婚姻状况	文化程度	不怕人数	害怕人数	害怕比例
未婚	文盲 小学 中学 大专及以上			
有配偶	文盲 小学 中学 大专及以上			
丧偶	文盲 小学 中学 大专及以上			
离婚	文盲 小学 中学 大专及以上			

⑤观察表6和这3张交叉分组列表，你对“是否害怕”与“文化程度”之间的关系，以及“是否害怕”与“婚姻状况”之间的关系有哪些了解？

第三章复习题

1. 为了解学生晚上看电视看到几点钟，只在参加早锻炼的学生中作调查，这样行吗？

2. 调查某城市写字楼里上班的年轻族。其中有 1/5 的人说，今后三五年内准备购车。据此推断说，该城市在未来的三五年内有 1/5，近 20 万年轻人准备购车。这个推断可信吗？

3.（摘自参考文献[5]，第 19 章第 386 页习题 A 的第 11 题）1988 年 9 月 11 日，美国 The San Francisco Examiner 报刊登了一则消息，标题是：10 名生物教师中有 3 人支持《圣经》的创世说。该报说 Arlington Texas 大学的两位社会学家 Dana Dunn 和 Raymond Eve 从全国教师协会提供的名单中随机抽取 20000 名高中生物教师，然后将问卷寄给他们。他们共收到 200 份答卷，其中 30% 的生物教师相信《圣经》的创世说，又有 19% 的生物教师错误地认为人类与恐龙曾生活在同一年代。根据调查结果，这两位社会学家说，10 名生物教师中有 3 人支持《圣经》的创世说，100 名生物教师中有 19 人认为人类与恐龙曾生活在同一年代。看来这两人做了某些非常错误的事。那是些什么事？请说说他们做错事的原因。

4. 在电视上播放了推销某种产品的广告。为了解这个广告的效果，在商店里对购买该产品的顾客作调查。调查发现，在 200 个购买该产品的顾客中有 170 人看过广告。由此知，在购买该产品的顾客中看过广告的比例高达 85%。根据这些数据能不能立即就说，广告很有效？为什么？

5. 随机抽取 100 人进行调查，调查他们有没有逃过税。直接询问很可能没有人举手说自己逃过税。为使调查顺利进行，给每个人一枚均匀的硬币并让他们抛掷。当然他们只能看自己的抛掷结果，看不到其他人的抛掷结果。要求下面两种情况的人举手：抛掷硬币正面的人举手是第一种情况；抛掷硬币反面的人倘若逃过税的也举手是第二种情况。这两种情况的人举手相当于说抛掷硬币反面且没有逃过税的人才不必举手。假设 100 人中有 58 个人举手，请估计逃税的比例。我们能不能知道 100 人中究竟哪些人逃过税？我们能不能知道 58 个举过手的人中究竟哪些人逃过税？

6. 某公众观点研究所(Institute for Public Opinion)进行了一项男性和女性关于节日给谁买礼物最难的看法有没有差别的研究。研究所向 100 名男性和 100 名女性作调查。调查数据见表 7（数据摘自参考文献[8]第 12 章练习第 14 题）。请分析，男性和女性关于节日给谁买礼物最难的看法有没有相同之处，有没有差别？

表 7　给谁买礼物最难

给谁买礼物最难	男性	女性
配偶	37	25
父母	28	31
子女	7	19
兄弟姐妹	8	3
姻亲	4	10
其他亲属	16	12

注：本书对于交叉分组列表，例如对于表 3.11 和表 3.12 我们采用的是直观简单的分析方法。对于交叉分组列表的深入分析方法有兴趣的读者可参阅参考文献[9]。

第四章复习题

1. 二项选择题有两个选择，其中的一个选择是对的，而另一个选择是错的。它要求考生在两个选择中挑选一个。假设某次考试共有 7 道二项选择题。倘若某人完成这 7 道二项选择题都是猜答案。请计算他猜对4道或更多道题的可能性。模拟是计算这个可能性的一个方法。其中的一个模拟，确切地说仿真的方法如下所述。

• 第1步：对二项选择题而言，猜对猜错的可能性都等于0.5。因而我们可以用抛掷一枚均匀的硬币来模拟他做题目。规定硬币出现正面相当于猜对，硬币出现反面相当于猜错。

• 第2步：假设他相互独立地完成7道二项选择题。因而我们可以用抛掷7枚均匀的硬币来模拟他做这张试卷。看7枚硬币中有几个正面。正面的次数就表示他猜对了几道题。

• 第3步：重复地、相互独立地进行 n 次随机试验，每次试验都是抛掷7枚均匀的硬币。观察在 n 次随机试验中正面的次数为0,1,…,6和7的随机试验分别有几次。

• 第4步：假设在这 n 次随机试验中正面的次数为 i 的随机试验有 n_i 次，$i=0,1,\cdots,6,7$。那么他猜对 i 道题的可能性的模拟值为

$$\frac{n_i}{n} \quad (i=0,1,\cdots,6,7)$$

• 第5步：欲计算的他猜对4道或更多道题的可能性的模拟值为

$$\frac{n_4+n_5+n_6+n_7}{n}$$

现模拟了 $n=100$ 次。各次模拟结果见表8(摘自参考文献[16]第6页的表1，其中H(Head)表示正面，T(Tail)表示反面)。试根据表8计算他猜对4道或更多道题的可能性的模拟值。

表 8　抛掷 7 枚硬币的 100 次的模拟结果

试验结果	正面次数	试验结果	正面次数	试验结果	正面次数	试验结果	正面次数
TTTTTHT	1	TTTTTTH	1	TTTHHHH	4	HHTTTHH	4
HTTTTHT	2	TTHHTTT	2	HTTHTHH	4	HHHTTTT	3
THHTTTT	2	THHHTTT	3	HHHHTHH	6	TTHHHHT	4
HHHHHTH	6	HTTTHHT	3	HTHHTHT	4	TTTTHHT	2
HTHHHHH	6	THTTHTT	2	HTTHHTH	4	TTHTHHH	4
TTHHHHH	5	THHHTTT	3	TTHHTHH	4	HHTHTTT	3
HTHHHHT	5	THTTHTH	3	HHHTHHT	5	HHTHTTT	3
THTTHHH	4	TTTHHHH	4	HHTTHHH	5	HHHHHHT	6
HHHHHTT	5	HTTTTHH	3	HTTHHHT	4	HHHTTTH	4
TTTHTHH	3	HHHHHTT	5	THTHTHT	3	TTHTTTH	2
HTHHTHT	4	HHHHTHT	5	HTTTHHT	3	HTHHHHT	5
HHHTTHH	5	HTTHTTT	2	HHTTTTH	3	HHTTHHH	5
TTTHHTH	3	HTTHHTH	4	HTTHTTT	2	THTTHTT	2
HHTTHTH	4	THHTTHT	3	THTHTTH	3	HTHTHHT	4
TTTTTHH	2	TTHHHTT	3	HTTTHTH	3	TTHTTTH	2
HTTTTTT	1	HHTHTTH	4	THHTHTH	4	HHHTTTT	3
THHTHHH	5	HHTHTTT	3	HHTTHTT	3	TTTTTTH	1
TTTTTHT	1	THTHHHT	4	TTTTHTT	1	TTHHHTH	4
THHTHHT	4	TTHHTTH	3	HTTHTHH	4	THTTHHT	3
HHHHTHH	6	HHTTTTT	2	TTHHHHT	4	HHHHTHT	5
HTHTHHH	5	HTHHTTT	3	HTHHHTT	4	HHTHTHT	4
HTHHTHH	5	HTHTHTT	3	HTTTTHT	2	HHTTTHH	4
HHHTTHH	5	HTHTTHH	4	HTTHTHH	4	THTHHTT	3
HTTHHTH	4	HTTTHHH	4	TTTHTTH	2	TTHHTHH	4
THHTHHT	4	TTTTHTT	1	HTTTTHT	2	TTHHTHT	3

2.(摘自参考文献[5]第 2 章习题 A 的第 8、第 9 题)乳腺癌是妇女常见的恶性肿瘤之一。及时检查是否有利于健康？这是人们非常关心的一个问题。为此，全纽约健康保险规划于 1963 年实施了一次大规模的试验。实验对象为规划中的所有成员，62000 名 40～64 岁的妇女。她们被随机地分成两个大小一样的组。处理组 31000 名妇女中有 20200 名除普通健康检查之外，还接受了由医生和

X光进行的乳腺癌检查,有 10800 名拒绝乳腺癌检查。对照组的 31000 名妇女仅接受了普通健康检查。所有妇女被跟踪了若干年。

①在试验的第一年里,发现的患乳腺癌的人数与比例见表 9。在处理组接受乳腺癌检查的 20200 名妇女中发现了 67 例乳腺癌,比例为 3.317‰;在处理组拒绝乳腺癌检查的 10800 名妇女中仅发现了 12 例,比例为 1.111‰;而在对照组仅接受普通健康检查的 31000 名妇女中发现了 58 例,比例为 1.871‰。看来,在接受乳腺癌检查的妇女中发现乳腺癌的比例最高。这是否说明乳腺癌检查不好,它容易使妇女得乳腺癌?你认为这样的推断有什么问题没有?

表 9　试验的第一年发现的患乳腺癌的人数与比例

	乳腺癌病例数	比例/‰
处理组:		
接受乳腺癌检查 20200 妇女	67	3.317
拒绝乳腺癌检查 10800 妇女	12	1.111
对照组:31000 人	58	1.871

②试验前五年的死亡人数、死亡原因和死亡比例见表 10。表 10 中的哪些数据说明检查好,它对健康有利?

表 10　妇女乳腺癌跟踪试验

	乳腺癌死亡		其他疾病死亡		死亡总人数	比例/‰
	人数	比例/‰	人数	比例/‰		
处理组:						
接受乳腺癌检查 20200 妇女	23	1.139	428	21.188	451	22.327
拒绝乳腺癌检查 10800 妇女	16	1.481	409	37.870	425	39.352
总人数 31000	39	1.258	837	27	876	28.258
对照组:31000 人	63	2.032	879	28.355	942	30.387

③将处理组接受乳腺癌检查的妇女中乳腺癌死亡率与处理组拒绝乳腺癌检查的妇女中乳腺癌死亡率进行比较，这样的对照比较有什么问题没有？将处理组接受乳腺癌检查的妇女中乳腺癌死亡率与对照组的乳腺癌死亡率进行比较，这样的对照比较有什么问题没有？

3. 某新药疗效的实验对象有 2000 人。假设他们被随机地分成大小相等的两组。服用新药的人中有人没有坚持服药。类似地，服用安慰剂的人中也有人没有坚持服安慰剂。这项实验的参加人数，与跟踪期间例如 5 年的死亡人数和死亡率的数据见表 11。

表 11　新药疗效实验

	新药			安慰剂		
	人数	死亡人数	死亡率/%	人数	死亡人数	死亡率/%
坚持者	600	60	10	500	55	11
不坚持者	400	80	20	500	95	19
整个组	1000	140	14	1000	150	15

①有人说，在服用新药的人中坚持服药的死亡率只有不坚持服药的一半，这说明新药的疗效是显著的。你同意他的说法吗？

②根据表 11 说明，新药究竟有没有疗效？如果你认为新药没有疗效，那什么才是对健康真正有效的？

4. 为比较若干个不同的生产方式，例如某个大型产品的若干个组装方法，可采用拉丁方设计。显然，组装一个大型产品都会使操作员工产生疲劳，后一次组装所花的时间可能超过前一次组装所花的时间。这也就是说组装时间与组装次序之间可能相关。假设有 4 个组装方法：A、B、C 和 D，选 4 位操作员工组装大型产品，4×4 拉丁方设计及组装所花时间的观察值见表 12（数据摘自参考文献[14]第 4 章思考题 4.19 题）。请采用直观分析的方法分析这4 个组装方法哪一个比较好？这4位员工的操作技能和经验哪一个比较好？组装时间与组装次序是否相关？

表12　组装方法、操作员工和组装次序的4×4拉丁方设计

组装次序	操作员工			
	1	2	3	4
1	$C=11$	$D=9$	$A=5$	$B=10$
2	$B=8$	$C=10$	$D=14$	$A=7$
3	$A=8$	$B=7$	$C=18$	$D=11$
4	$D=10$	$A=10$	$B=12$	$C=14$

第五章复习题

1. 某市为了解年龄从23岁到27岁的在职年轻人中月收入低于2000元的人所占的比例，计划在这群年轻人中随机抽取400人。如果将400人中月收入低于2000元的人所占的比例作为该市年龄从23岁到27岁的在职年轻人中月收入低于2000元的人所占比例的估计，试计算它的置信水平为95%的抽样误差。

2. 2008年6月11日中新网的一则新闻的标题是“美大选：奥巴马民意支持率稳定领先麦凯恩”。新闻说盖洛普民意测验中心10日公布的最新民调显示，目前奥巴马的全国支持度为48%，麦凯恩为41%。这是盖洛普自3月中开始进行这项民意调查以来，奥巴马领先麦凯恩的最大差距。这项民调是于6月7日至9日在全国抽样访问2633位登记选民，抽样误差±2个百分点。这个抽样误差±2个百分点是如何计算的？

3. 某省教育行政管理部门说，我们省中学生近视眼发生率为3/4。该省所辖某市认为我们市中学生近视眼发生率低于3/4。为此该市教育行政管理部门从中学生中随机抽取1000人。

①若这 1000 人中近视眼发生率为 2/3，则能否据此推断该市中学生近视眼发生率低于 3/4?

②若这 1000 人中近视眼发生率为 73%，则能否据此推断该市中学生近视眼发生率低于 3/4?

4. 某人投篮球十投八中。① 本章 §5.2 节在讨论“投篮球的命中率是否提高了”的检验问题时说，这天他投 5 次篮 5 次都投中了，但这并不说明他的命中率提高了。倘若他这天投 10 次篮 10 次都投中了，这能否说明他的命中率提高了? 又倘若他这天投 20 次篮 20 次都投中了，这能否说明他的命中率提高了? ② 本章 §5.2 节在讨论“投篮球的命中率是否下降了”的检验问题时说，这天他投 2 次篮 2 次都没有投中，这说明他的命中率下降了。倘若他这天投 3 次篮 3 次都没有投中，当然也说明他的命中率下降了。看来，根据“3 投 3 不中”与“2 投 2 不中”所作出的判断相同，都认为他的命中率下降了。问:它们之间有什么差别没有? 又倘若他这天仅投 1 次篮没有投中，这能否说明他的命中率降低了?

5. 2000 年美国大选，共和党总统候选人小布什与民主党总统候选人戈尔的两次电视辩论后的民意调查的结果见下面的两个报道:

• 报道 1(摘自 2000 年 10 月 13 文汇报):选举前 10 月 11 日晚举行的第二场电视辩论后 CNN 迅速进行了民意测验，当晚就发布消息称小布什赢得了本场辩论，小布什赢得 49%，戈尔赢得 36%。

• 报道 2(摘自 2000 年 10 月 19 日文汇报):选举前 10 月 18 日举行的第三场电视辩论后 CNN 称戈尔稍占上风。46%的人认为戈尔赢得了这一场辩论，44%的人认为小布什赢得了辩论。

这两篇报道的用词有什么不同? 试分析其原因。

注:报道虽然都没有说调查了多少人，但一般来讲都是 1000 人左右。因而抽样误差在 3%之内，置信水平为 95%。

第六章复习题

1. 凯恩斯消费函数的简单形式为消费的预测值$=a\times$收入$+b$。表 13 是美国 1960～1986 年的人均可支配收入和个人消费支出（按 1982 年美元计）的数据（数据摘自参考文献[5]第 238～239 页上的表）。

表 13　美国 1960～1986 年人均可支配收入和个人消费支出

年份	收入	消费	年份	收入	消费	年份	收入	消费
1960	6036	5561	1969	7891	7185	1978	9735	8808
1961	6113	5579	1970	8134	7275	1979	9829	8904
1962	6271	5729	1971	8322	7409	1980	9722	8783
1963	6378	5855	1972	8562	7726	1981	9769	8794
1964	6727	6099	1973	9042	7972	1982	9725	8818
1965	7027	6362	1974	8867	7826	1983	9930	9139
1966	7280	6607	1975	8944	7926	1984	10419	9489
1967	7513	6730	1976	9175	8272	1985	10622	9830
1968	7728	7003	1977	9381	8551	1986	10947	10142

①画“人均可支配收入”和“个人消费支出”的散点图，判断这两个变量之间有没有相关性。

②试计算凯恩斯消费函数的简单形式中的斜率 a 和截距 b 的值。

③根据凯恩斯消费函数的简单形式可以由收入预测消费，试计算预测误差和概率。

2. 用调羹舀取黄豆。有一种说法，有的人总是舀得比较多，而有的人总是舀得比较少。为检验这种说法是否正确，要求 20 个同学用调羹舀取黄豆，表 14 是他们第 1 次和第 2 次舀取的黄豆的粒数。试画这批数据的散点图，看看这种说法是否正确。

表 14　用调羹舀取黄豆

第 1 次舀取黄豆数	第 2 次舀取黄豆数	第 1 次舀取黄豆数	第 2 次舀取黄豆数	第 1 次舀取黄豆数	第 2 次舀取黄豆数	第 1 次舀取黄豆数	第 2 次舀取黄豆数
126	129	124	129	129	124	125	125
131	128	127	128	129	126	130	129
127	131	126	124	129	127	130	124
125	130	128	123	129	131	130	130
127	125	128	131	129	130	130	127

3. 成年男子的身高与体重正相关，因而体重较重的趋向于身高较高。这是不是意味着，要想长得高那就多吃一点。

4. “口红经济”说的是，统计数据显示随着经济一点点恶化，市场口红销售将节节上升。例如 2001 年 12 月 14 日《今日信息报》登载的一篇文章说，根据市场调查，美国 8 月到 10 月大卖场的口红销售比去年同期上升 11%。但是，化妆品公司主要收入来源的高价化妆品、保养品等销售却未见上扬。①请尝试分析“口红经济”现象，为什么在口红销售高升的背后，隐藏的是经济下滑的警讯。②“口红经济”现象是否意味着，大家少买甚至不买口红，经济就会上去了。

5. 某学校老师发现，学生看电视的小时数与他阅读测验得分有负相关关系。这是不是说，只要少看电视就可提高学习成绩。

6. 为知道能不能用空气温度推测海水温度，收集了某沿海地区的空气和海水温度的统计数据，见表 15。

表 15　空气温度和海水温度(单位:摄氏温度)

空气温度	海水温度	空气温度	海水温度
13.9	9.4	31.1	28.3
15.0	10.6	31.1	26.7
18.3	13.3	28.9	25.0
23.9	18.9	23.9	22.2
27.2	21.7	20.0	15.6
30.0	25.6	15.0	10.0

①能不能用空气温度推测海水温度?

②如果能用空气温度推测海水温度,请给出推测计算公式,以及它的概率95%的误差。

③在空气温度是21℃时,推测海水温度。

各章复习题答案

第二章复习题答案

1. ①根据统计学的“大数法则”，对大量的英文文章进行统计，所得到的各个字母的使用频率总的来说都是相当稳定的。

②使用 Excel 将字母按使用频率，由高到低排列的次序见下表：

字母	频率/%	字母	频率/%	字母	频率/%	字母	频率/%
E	13	S	6	U	2.5	K	0.4
T	10.5	H	5.3	G	2	X	0.2
A	8.2	D	3.8	P	2	J	0.1
O	8	L	3.4	Y	2	Q	0.1
N	7	F	3	W	1.5	Z	0.07
R	6.8	C	2.8	B	1.4		
I	6.5	M	2.5	V	0.9		

③字母 E 用得最多，字母 Z 用得最少。

④本题无标准答案。可根据字母使用频率，也可根据累积使用频率求解本题。下面给出的仅是根据累积使用频率得到的解。按使用频率由高到低计算累积频率：

字母	E	T	A	…
频率/%	13	10.5	8.2	…
累积频率/%	13	23.5	31.7	…

按累积频率超过 20% 为限，字母 E 与 T 可认为用得比较多。由此看来，限的高低有可能得到不同解。

按使用频率由低到高计算累积频率：

字母	Z	Q	J	X	K	V	B	W	Y	…
频率/%	0.07	0.10	0.10	0.20	0.40	0.90	1.40	1.50	2.00	…
累积频率/%	0.07	0.17	0.27	0.47	0.87	1.77	3.17	4.67	6.67	…

按累积频率不超过 5% 为限，字母 Z、Q、J、X、K、V、B 与 W 可认为用得比较少。

字母 R 是中位数，可认为字母 N、R 与 I 处于中间位置。

2. 根据这些观察数据还不能说，1997 年美国的交通安全情况比 1912 年坏。这是因为时隔 80 多年之后，1997 年的美国与 1912 年有很大的不同，例如总人口数、汽车拥有量、道路包括高速公路里程数、交通安全措施等都有很大的增加与改善。考虑到这些因素，尽管车祸死亡人数增加了很多，1997 年美国的交通安全情况很有可能比 1912 年好。

3. 这样的推测不可信。如果心理咨询中心的老师据此推测，在要求心理咨询的学生中 20%有自杀倾向，则这个推测可信。

4. 为什么城市郊区环境清洁安静的地方肺结核病人比较多，那是因为很多的肺结核病人为安心静养，从环境差的地方迁移到这类地方去的缘故。

5. 各车间的内销和外销产品的不合格率如下：

车间主任	不合格率/%	
	内销	外销
王	5.24	39.71
张	1.01	16.98
李	3.76	17.28

发现了辛普森悖论。不论内销和外销产品，张车间主任负责的车间产品质量最好，而王负责的最差。而若将内销和外销产品放在一起计算，却是王负责的最好，张负责的最差。这个辛普森悖论发生的原因就在于，张负责的车间生产的1798件产品中，内销296件(比例为16.46%)，外销1502件(比例为83.54%)；而王负责的车间生产的2703件产品中，内销2499件(比例为92.45%)，外销204件(比例为7.55%)。外销产品的不合格率比内销的高，张负责的车间生产的外销产品远多于内销的，而王负责的车间却是内销产品远多于外销的。这就使得，尽管内销和外销产品，张负责的车间都比王负责的好，但内销和外销产品放在一起却是张负责的车间比王负责的差。

6. ①各年龄组内各类文化程度的死亡率，以及②把各年龄组的居民人数和死亡人数合并在一起的死亡率(‰)如下：

年龄/岁	文盲	小学	初中	高中、中专	大专、大学
25～29	5.53	1.11	0.72	0.4	0.32
30～34	3.35	1.32	0.9	0.5	0.27
35～39	2.06	1.39	1.04	0.68	0.38
40～44	2.94	1.89	1.51	1.12	0.66
45～49	3.2	2.93	2.49	1.72	1.43
50～54	4.54	4.52	3.95	3.21	2.37
55～59	6.84	7.31	6.29	4.93	3.88
60～64	11.69	12.47	10.5	8.03	6.51
65～69	19.71	21.23	17.98	14.34	12.2
70～	76.19	63.1	55.03	45.57	43.87
合并在一起	30.37	11.86	3.46	1.93	2.91

辛普森悖论发生了。各年龄组内的死亡率，都是文化程度越高，死亡率越低。但把各年龄组的居民人数和死亡人数合并在一起的死亡率（见表的最后一行），却是高中、中专文化程度的比大专、大学的低。其原因就在于，高中、中专文化程度的居民中，年龄小的居民多（比例高），年龄大的居民少（比例低），而大专、大学文化程度的居民中，却是年龄小的居民少（比例低），年龄大的居民多（比例高）。由于年龄小的死亡率比年龄大的低。这就使得尽管各年龄组内高中、中专文化程度死亡率比大专、大学的高，但各年龄组合并在一起计算，却是高中、中专文化程度死亡率比大专、大学的低。

7. ①不同类型人群的害怕比例如下：

类别	人数	不怕人数	害怕人数	害怕比例/%
文盲、未婚	1	1	0	0
文盲、有配偶	13	8	5	38.46
文盲、丧偶	4	2	2	50
文盲、离婚	0	0	0	—
小学、未婚	9	6	3	33.33
小学、有配偶	62	36	26	41.94
小学、丧偶	6	3	3	50
小学、离婚	0	0	0	—
中学、未婚	255	164	91	35.69
中学、有配偶	817	490	327	40.02
中学、丧偶	10	8	2	20
中学、离婚	4	2	2	50
大专及以上、未婚	53	37	16	30.19
大专及以上、有配偶	187	131	56	29.95
大专及以上、丧偶	0	0	0	—
大专及以上、离婚	0	0	0	—

②不考虑婚姻状况，不同文化程度人群的不怕与害怕人数，以及害怕比例数据如下：

	不怕人数	害怕人数	害怕比例/%
文盲	11	7	38.89
小学	45	32	41.56
中学	664	422	38.86
大专及以上	168	72	30
合计	888	533	37.51

③不考虑文化程度，不同婚姻状况人群的不怕与害怕人数，以及害怕比例数据如下：

	不怕人数	害怕人数	害怕比例/%
未婚	208	110	34.59
有配偶	665	414	38.37
丧偶	13	7	35
离婚	2	2	50
合计	888	533	37.51

④婚姻状况、文化程度与是否害怕的交叉分组列表，以及害怕比例数据如下：

婚姻状况	文化程度	不怕人数	害怕人数	害怕比例/%
未婚	文盲	1	0	0
	小学	6	3	33.33
	中学	164	91	35.69
	大专及以上	37	16	30.19
有配偶	文盲	8	5	38.46
	小学	36	26	41.94
	中学	490	327	40.02
	大专及以上	131	56	29.95

续表

婚姻状况	文化程度	不怕人数	害怕人数	害怕比例/%
丧偶	文盲	2	2	50
	小学	3	3	50
	中学	8	2	20
	大专及以上	0	0	—
离婚	文盲	0	0	—
	小学	0	0	—
	中学	2	2	50
	大专及以上	0	0	—

⑤总的来说，有这样两个趋势："文化程度低的人害怕比例较文化程度高的高"，"丧偶与离婚者的害怕比例较未婚与有配偶的高"。严格地说，有没有这样两个趋势需要统计检验。

第三章复习题答案

1. 不行。这样调查得到的样本并不能代表全体学生。

2. 不可信。这样调查得到的样本并不能代表该城市的年轻人。

3. 发放 20000 份问卷，仅收回 200 份答卷。不回答的比例高达 99%。不回答的高中生物老师很可能是不相信《圣经》的创世说，或不认为人类与恐龙曾生活在同一年代。他们很可能感到回答这类问题毫无意义，没有必要返回问卷。

4. 根据这些数据并不能立即就说，广告很有效。尚需要调查在没有购买该产品的顾客中看过广告的比例有多大。

5. 抛掷一枚均匀的硬币，正面与反面出现的机会均等。因而 100 个人中正面与反面平均各有 50 人。正面的 50 人都举手了。

由此可见,举手的58人中平均有8人是反面且逃过税的。反面的50人中有8人逃过税。因而逃税比例的估计为8/50=16%。这样的调查方法并没有告诉我们究竟哪些人逃过税。

6. 根据调查数据分别计算男性与女性中感到给配偶、父母、子女、兄弟姐妹、姻亲与其他亲属等买礼物最难的比例。算得的结果如下:

给谁买礼物最难	男性		女性	
	人数	比例/%	人数	比例/%
配偶	37	37	25	25
父母	28	28	31	31
子女	7	7	19	19
兄弟姐妹	8	8	3	3
姻亲	4	4	10	10
其他亲属	16	16	12	12
合计	100	100	100	100

根据表中所列的比例,大致有这样的趋势:男性认为最难的是给夫人买礼物,而女性认为最难的是给父母买礼物;女性认为给子女买礼物的难度超过男性;给兄弟姐妹、姻亲与其他亲属等买礼物的难度,男性与女性可能没有差别。严格地说,有没有这些趋势需要统计检验。

第四章复习题答案

1. 经统计,正面次数0,1,…,7的频数与频率如下:

正面次数	0	1	2	3	4	5	6	7
频数	0	7	15	26	32	15	5	0
频率/%	0	7	15	26	32	15	5	0

猜对 4 道或更多道题的可能性的模拟值为 32%＋15%＋5%＝52%。

2. ①在试验的第一年里，接受乳腺癌检查的妇女中发现乳腺癌的比例最高，但这并不能说明检查不好，它容易使妇女得乳腺癌。为什么试验的第一年里接受检查的妇女发现乳腺癌的比例最高，可能有以下两个原因：a. 正因为检查才发现了乳腺癌。b. 身体健康状况欠佳甚至有乳腺癌前兆的高风险的妇女可能更愿意接受乳腺癌检查。

②由于是将实验对象 62000 名 40～64 岁的妇女随机地分成处理与对照两组，所以可以将处理组与对照组进行对照比较。处理组 31000 名妇女，乳腺癌死亡 39 人，其他疾病死亡 837 人。对照组 31000 名妇女，乳腺癌死亡 63 人，其他疾病死亡 879 人。这些数据说明乳腺癌检查好，它对健康有利。虽然处理与对照两组是随机地分成的，但这项实验并没有做到“盲”。

③处理组中的妇女是否接受乳腺癌检查，是由妇女自己决定的，并不是随机分组。妇女同意或拒绝乳腺癌检查，很可能与妇女受教育程度与家庭收入等有关。因而将处理组接受乳腺癌检查的与处理组拒绝乳腺癌检查的进行比较，这不是对等条件下的对照比较。同样道理，将处理组接受乳腺癌检查的与对照组进行比较，也不是对等条件下的对照比较。

3. ①这很难说。因为坚持与不坚持服药并不是随机的，而是由实验对象自己决定的。坚持与不坚持服药除了这一点不同之外，坚持者可能更注意照顾好自己。很可能正由于坚持者自我保健意识强，因而坚持服药的死亡率比不坚持服药的低。

②由于整个处理组的死亡率与整个对照组的死亡率相差不大，所以我们认为新药没有疗效。不仅处理组坚持服药的死亡率比不坚持服药的低，而且对照组坚持服安慰剂的死亡率也比不坚持服安

慰剂的低。由此看来对健康真正有效的，是坚持还是不坚持，也就是有没有很强的自我保健意识。

4. 计算表12各行与各列的和。计算结果如下：

组装次序	操作员工				合计
	1	2	3	4	
1	$C=11$	$D=9$	$A=5$	$B=10$	35
2	$B=8$	$C=10$	$D=14$	$A=7$	39
3	$A=8$	$B=7$	$C=18$	$D=11$	44
4	$D=10$	$A=10$	$B=12$	$C=14$	46
合计	37	36	49	42	

分别计算4个 A、B、C 与 D 的观察值的和。计算结果如下：

4个 A 的观察值的和：$8+10+5+7=30$；

4个 B 的观察值的和：$8+7+12+10=37$；

4个 C 的观察值的和：$11+10+18+14=53$；

4个 D 的观察值的和：$10+9+14+11=44$。

- 这4个 A、B、C 与 D 的观察值的和中，4个 A 的观察值的和30最小，直观分析认为组装方法 A 最佳，其组装所花时间最少。
- 这4个各列的和，第2列的和36最小，直观分析认为操作员工2的操作技能和经验最佳，其组装所花时间最少。事实上，第1与第2列的和相差无几，看来操作员工1与2可认为同属最佳。
- 这4个各行的和，由上到下越来越大，看来组装时间与组装次序正相关。后一次组装所花的时间超过了前一次组装的。

第五章复习题答案

1. $n=400$，因而置信水平为95%的抽样误差为 $3\%\times\frac{\sqrt{1067}}{\sqrt{400}}=$

4.9%。

2. $n=2633$,因而置信水平为95%的抽样误差为$3\%\times\frac{\sqrt{1067}}{\sqrt{2633}}=$ 2%。

3. ①若随机抽取1000人中近视眼发生率为2/3,则该市中学生近视眼发生率的估计为$\frac{2}{3}=66.7\%$。由于$n=1000$,因而置信水平为95%的抽样误差为$3\%\times\frac{\sqrt{1067}}{\sqrt{1000}}=3.1\%$。该市中学生近视眼发生率的区间估计为66.7%±3.1%,即(63.6%,69.8%)。由于3/4在这区间估计的右边,所以在这1000人中近视眼发生率为2/3时,我们能据此推断该市中学生近视眼发生率低于3/4。

②若这1000人中近视眼发生率为73%,则该市中学生近视眼发生率的估计为73%,区间估计为73%±3.1%,即(69.9%,76.1%)。由于3/4在这区间估计内,所以在这1000人中近视眼发生率为73%时,我们不能据此推断该市中学生近视眼发生率低于3/4。

4. ①在某人投篮球十投八中时,他投10次篮10次都投中的可能性为$p=0.8^{10}=0.11>0.05$,因而10投10次中时,不能认为他的命中率提高了。又如果他投20次篮20次都投中了,则$p=0.8^{20}=0.012<0.05$,因而在20投20次中时,可认为他的命中率提高了?

②在某人投2次篮2次都没有投中时,$p=0.2^2=0.04<0.05$。在某人投3次篮3次都没有投中时,$p=0.2^3=0.008<0.01$。因而在投2次篮2次都没有投中时,我们有把握(显著地)认为他的命中率下降了,而在投3次篮3次都没有投中时,我们有非常大的把握(高度显著地)认为他的命中率下降了。又如果他仅投1次篮没有投中,则$p=0.2>0.05$,因而在投1次篮没有投中时,不能认为他

的命中率下降了。

5. 第二场电视辩论，小布什与戈尔支持度估计之差为13%，超过了抽样误差3%的两倍。因而说小布什赢得了本场辩论。第三场电视辩论，小布什与戈尔支持度估计之差为2%，没有超过抽样误差3%的两倍。因而尽管戈尔支持度46%，大于小布什支持度44%，我们还不能说戈尔赢得了本场辩论，仅说戈尔稍占上风。

第六章复习题答案

1. 根据"人均可支配收入"预测"个人消费支出"的预测模型，其建立过程如下：

1)"人均可支配收入"和"个人消费支出"的散点图；

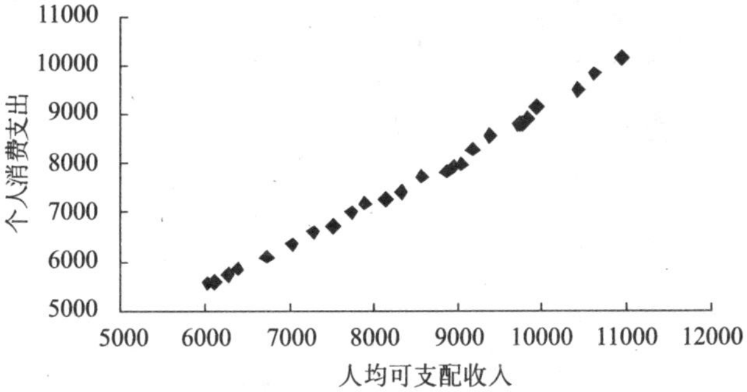

2)将1960～1986年的人均可支配收入与个人消费支出的数据分别输入到 A 列与 B 列的第1至第27个单元格；

3)在其他任意一个单元格上输入："=slope(b1:b27,a1:a27)"，然后确定，则得斜率 a 的估计值为0.9135；

4)在其他任意一个单元格上输入："=intercept(b1:b27,a1:a27)"，然后确定，则得截距 b 的估计值为−67.2619。从而有消费的预测值=0.9135×收入−67.2619；

5)在其他任意一个单元格上输入："=steyx(b1:b27,a1:

a27)”，然后确定，则得 y 关于 x 的标准误为 108.8070；

6）概率 95％的预测误差为 $1.9600\times108.8070=213.2616$。从而有

消费的预测值 $=0.9135\times$ 收入 -67.2619 ± 213.2616，概率 95％。

2.“第 1 次舀取的黄豆数”与“第 2 次舀取的黄豆数”的散点图如下。由散点图可以看到，第 1 次舀取的黄豆数比较少的时候第 2 次舀取的黄豆数可能比较少也可能比较多；第 1 次舀取的黄豆数比较多的时候第 2 次舀取的黄豆数可能比较多也可能比较少。这说明并不是有的人总是舀得比较多，有的人总是舀得比较少。“第 1 次舀取的黄豆数”与“第 2 次舀取的黄豆数”没有关系，他们相互独立。

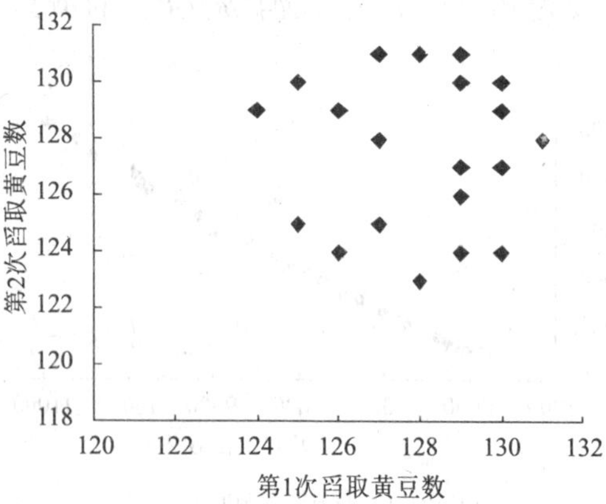

3. 这个想法是不正确的。身高与体重正相关，但它们没有因果关系。

4. 经济下滑人们收入减少，导致很多原来购买高价化妆品、保养品的人去购买低档化妆品如口红等。反之，若经济形势很好人们收入上升，导致高价化妆品、保养品的销售旺盛，低档化妆品如口红的销售较差。由此可见，口红销售高升或没有高升的背后，隐藏的是经济下滑或没有下滑的信息。看来“口红销售”与“经济形势”有

因果关系，经济形势是“因”，口红销售是“果”。因果关系不能颠倒。不存在这样的情况：大家少买甚至不买口红，经济形势就会好。

5.“看电视的小时数”与“他阅读测验得分”负相关，但它们没有因果关系。因而“只要少看电视就可以提高学习成绩”的说法是不对的。

6. ①空气和海水温度的散点图如下。由散点图知，它们正相关。可以用空气温度推测海水温度。

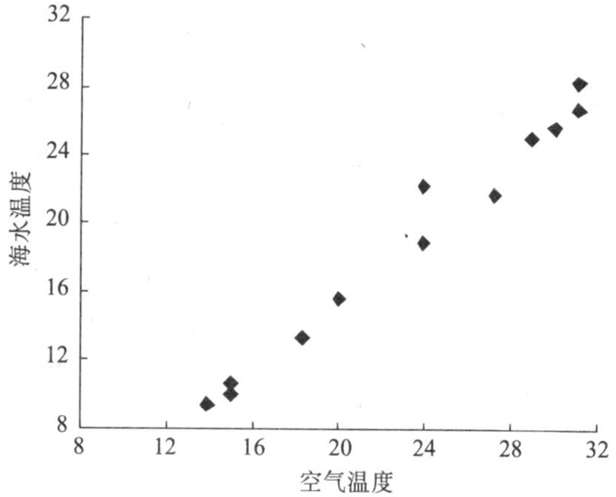

②用空气温度推测海水温度的公式，以及它的概率 95% 的误差的计算步骤如下：

a. 将空气温度与海水温度的数据分别输入到 A 列与 B 列的第 1 至第 12 个单元格；

b. 在其他任意一个单元格上输入：“= slope(b1:b12, a1:a12)”，然后确定，则得斜率 a 的估计值为 1.04；

c. 在其他任意一个单元格上输入：“= intercept(b1:b12, a1:a12)”，然后确定，则得截距 b 的估计值为 −5.29。从而有海水温度的预测值 = 1.04 × 空气温度 − 5.29；

d. 在其他任意一个单元格上输入：“= steyx(b1:b12, a1:a12)”，然后确定，则得 y 关于 x 的标准误为 1.06。从而有概率

95％的预测误差为1.9600×1.06＝2.07。

③在空气温度是21℃时，推测海水温度为1.04×21－5.29＝16.65℃，概率95％的预测误差为2.07。在空气温度是21℃时，推测海水温度概率95％的预测区间为16.65±2.07。

参考文献

[1] Tanur, J. M.; Mosteller, Mosteller F.; Kruskal, W. H.; Link, R. F.; Pieters, R. S.; and Rising, G. R. (eds.). Statistics: A Guide to the Unknown. Holden—Day: San Francisco. 1972.(该书有中译本. 陈湛匀译,查莉校阅,郑德如审校. 统计学应用指南. 上海:上海人民出版社,1990.)

[2] 陈希孺. 数理统计学简史. 长沙:湖南教育出版社,2002.

[3] James M. Landwehr, Ann E. Watkins. Exploring Data. Quantitative Literacy Series. Dale Seymour Publications, 1986.

[4] Andrew F. Siegel. Practical Business Statistics. Mc Graw-Hill Irwin, 1997.

[5] David Freedman, Robert Pisani, Roger Purves, Ani Adhikari. Statistics. W. W. Norton & Company, New York, 1991.(该书有中译本. 魏宗舒,施锡铨,林举干,李毅,吕乃刚,范正绮译. 统计学. 北京:中国统计出版社,1997.)

[6] 梁小筠,祝大平. 抽样调查的方法和原理. 上海:华东师

范大学出版社，1994.

[7] Darrell Huff，Pictures by Irving Geis. How to Lie with Statistics. W. W. Norton & Company，New York，London，1982.（该书有中译本．沈恩杰，马世宽译，马安，吴世农校．怎能利用统计撒谎．北京：中国统计出版社，1989.）

[8] David R. Anderson，Dennis J. Sweeney，Thomas A. Williams. Statistics for Business and Economics (seventh edition). South-Western College Publishing. 1999.（该书有中译本．张建华，王健，冯燕奇等译．商务与经济统计．北京：机械工业出版社，2000.）

[9] 王静龙，梁小筠编著．定性数据统计分析．北京：中国统计出版社，2008.

[10] Claire M. Newman，Thomas E. Obremski，Richard L. Scheaffer. Exploring Probability. Quantitative Literacy Series. Dale Seymour Publications，1987.

[11] 施锡铨，范正绮．决策与模型．上海：上海财经大学出版社，2003.

[12] 王万中，茆诗松，曾林蕊．试验的设计与分析．北京：高等教育出版社，2004.

[13] 茆诗松，周纪芗，陈颖．试验设计．北京：中国统计出版社，2004.

[14] Douglas. C. Montgomery. Design and Analysis of Experiments. John Wiley & Sons，2005.（该书有中译本．傅珏生，张健，王振羽，解燕译．实验设计与分析．北京：人民邮电出版社，2009.）

[15] 方开泰．均匀设计与均匀设计表．北京：科学出版社，1994.

[16] Mrudulla Gnanadesikan, Richard L. Scheaffer, Jim Swift. The Art and Techniques of Simulation. Quantitative Literacy Series. Dale Seymour Publications, 1987.

[17] 方宁远. 专家解答高血压病. 上海：上海科学技术文献出版社，2005.

[18] 茆诗松，程依明，濮晓龙. 概率论与数理统计教程. 北京：高等教育出版社，2004.

[19] Weisberg, S. Applied Linear Regression. John Wiley & Sons, 1985.（该书有中译本. 王静龙，梁小筠，李宝慧译，柴根象校. 应用线性回归. 北京：中国统计出版社，1998.）

[20] 王黎明，陈颖，杨楠编著. 应用回归分析. 上海：复旦大学出版社，2008.

关于参考网络资源的说明

本书的有些图片、资料和数据摘自某些网站例如谷歌和百度等，有些图片摘自某些下载的没有作者署名的文件例如“漫画养生”、“亲爱的朋友，虽然现在是经济的寒冬，不过当下已是春暖花开，万物复苏，给自己一点时间，良好的心态比一切都重要!”和“趣味心理图集”等，在此向原创者表示衷心的感谢，恳请他们谅解。